DENKEN UND RECHNEN

2

Erarbeitet von:
Angelika Elsner
Dieter Klöpfer
Stefanie Mayr-Leidnecker
Peter Sandmann
Marion Weigl

unter Beratung von:
Andrea Brenninger
Siegfried Herrmann
Siegfried Müller
Sandra Schütz
Roswitha Seidler

Illustriert von:
Friederike Großekettler
Christine Kleicke
Elisabeth Lottermoser
Martina Theisen

westermann

Inhaltsverzeichnis

Zahlen und Operationen
Raum und Form
Größen und Messen
Daten und Zufall

Zusätzliches Üben

Höhere Anforderung, alle Kinder können probieren

Jahrgangskombiniertes Arbeiten

Kombi

Hier wird geforscht

Zusammenhänge zwischen den Aufgaben untersuchen und nutzen

zum Knobeln

Knacknüsse zum Nachdenken und Probieren

Forschungsauftrag

Über den eigenen Lernstand sprechen

Mein Lernweg

Rechenkonferenz

Über individuelle Vorgehensweisen oder über Entdeckungen austauschen

Partnerarbeit

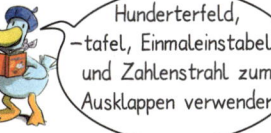
Hunderterfeld, tafel, Einmaleinstabelle und Zahlenstrahl zum Ausklappen verwenden

Szenen besprechen und beschreiben.
1 Aufgaben finden. 2 Freies Falten. 3 Spannen auf dem Geobrett.

4 a)

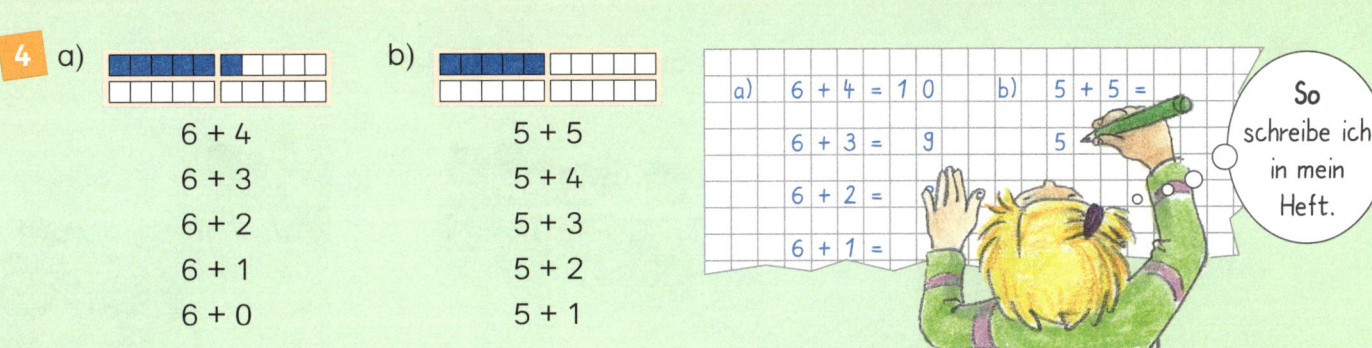

6 + 4
6 + 3
6 + 2
6 + 1
6 + 0

b)

5 + 5
5 + 4
5 + 3
5 + 2
5 + 1

So schreibe ich in mein Heft.

5 Rechne im Heft.

 starke Päckchen 2

a) 4 + 6
4 + 5
4 + 4
4 + 3

b) 9 + 1
9 + 2
9 + 3
9 + 4

c) 7 + 3
5 + 3
3 + 3
1 + 3

d) 6 + 5
7 + 5
8 + 5
9 + 5

e) 9 + 3
8 + 4
7 + 5
6 + 6

6 Rechne im Heft.

a)

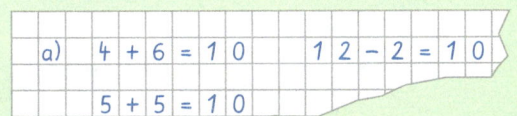

8 − 3
8 − 2
8 − 4
8 − 1
8 − 5

b)

10 − 2
10 − 3
10 − 5
10 − 4
10 − 1

c)

12 − 2
12 − 3
12 − 1
12 − 0
12 − 4

d)

14 − 3
14 − 4

Rechne eigene Aufgaben.

7 Schreibe zu jeder Zahl drei Plusaufgaben und drei Minusaufgaben.

a) 10

a) 4 + 6 = 1 0   1 2 − 2 = 1 0
5 + 5 = 1 0

b) 5

c) 15

d) 1

8 Setze die Zahlenfolgen fort.

a) 3, 5, 7

b) 1, 4, 7

c) 20, 19, 18

d) 20, 17, 14

e) 1, 3, 2, 4, 3

a) 3 5 7 9 1 1

9 Knobelaufgabe der Woche

Lisa hat eine Wurst für ihre vier Hunde gekauft. Wie oft muss sie schneiden, um diese in vier Stücke zu teilen?

Lösungen der Knobelaufgabe

7 + 8

1 Welche Aufgabe passt zum Bild? Wählt aus. Rechnet im Heft.

a)

4 – 2
4 + 2
7 – 5

| a) | 4 | + | 2 | = |

b)

8 – 3
1 + 5
6 – 5

c)

6 + 5
10 – 4
5 + 7

2 a)

4 + 3
6 – 2
4 – 2

b)

5 – 5
10 + 2
5 + 5

c)

4 – 4
4 – 2
4 – 1

3 a)

Lisa hat Muscheln gesammelt.
Eric hat 4 mehr gesammelt.

8 – 4
8 + 4
10 + 4

b)

Eintritt
Erwachsene: 4 €
Kinder: 2 €

Marie geht mit Oma und Opa ins Freibad.

2€ + 2€ + 4€
4€ – 2€
4€ + 4€ + 2€

4 Tom war 12 Tage auf dem Ponyhof. Am Ende der Ferien machte er noch eine fünftägige Fahrradtour mit seinem Vater.

12 – 5
12 – 2
12 + 5

1 bis 3 Bilder beschreiben und richtige Aufgabe rechnen.

1

> Jeder will die Hälfte!

> Halbiere!

Rica und Jan haben zusammen 12 Steckwürfel.
Jeder will die Hälfte. Male Türme.

2

Anna und Lars haben zusammen 15 Steckwürfel.
Jeder will die Hälfte.

> Was fällt dir auf?

3

Welche Zahlen kann man halbieren?

| 11 | 9 | 14 | 5 | 10 | 7 | 4 |

Suche weitere Zahlen, die man halbieren kann.

| Zahlen, die ich nicht halbieren kann, sind ungerade Zahlen. | Zahlen, die ich halbieren kann, sind gerade Zahlen. |

4 Schreibe die Zahlen bis 20 auf. Kreise rot oder blau ein.
Was fällt dir auf?

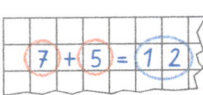

5 Rechne zuerst alle Aufgaben.
Kreise dann alle geraden Zahlen blau ein, alle ungeraden rot. Was fällt dir auf?

| 9 + 9 | 7 + 3 | 4 + 11 | 11 + 6 | 16 + 4 |
| 7 + 5 | 6 + 12 | 8 + 10 | 2 + 15 | 4 + 3 |

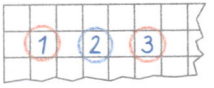

Suche weitere Aufgaben mit geradem Ergebnis.

W

6

a) 8 + 2	b) 14 − 4	c) 9 + 9	d) 17 − 9	e) 3 + 8	f) 11 − 0
7 + 3	12 − 2	7 + 9	13 − 5	2 + 7	13 − 6
4 + 6	15 − 5	8 + 7	15 − 8	1 + 6	16 − 9

g) Bilde fünf Plusaufgaben mit dem Ergebnis 18.

h) Bilde fünf Minusaufgaben mit dem Ergebnis 5.

3 und **5** Forscherheft zur Dokumentation für individuelle Strategien und Lernentwicklung anlegen.

1 Laura und Tim bauen.

Die Kinder beschreiben die Reihenfolge der Bauwerke. Jedes Kind beginnt links.

2 Laura schaut auf den Tisch. Sie beantwortet die Fragen.
Welche Farbe hat das Haus?

a) rechts neben dem

b) rechts neben dem

c) links neben dem

d) links neben dem

e) zwischen 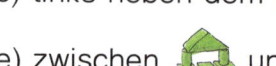 und

f) zwischen  und

Wie beantwortet Tim die gleichen Fragen?

Laura	
a)	blau
b)	

3 Wer sagt das?

a) Rechts vom Auto sehe ich einen Bleistift.

b) Vor dem blauen Gebäude liegt eine Schere.

c) Rechts neben dem braunen Gebäude steht das blaue Gebäude.

d) Rechts vom Bleistift sehe ich ein Auto.

e) Vor dem blauen Gebäude liegt ein Bleistift.

f) Hinter dem blauen Gebäude sitzt Laura.

g) Hinter dem blauen Gebäude liegt eine Schere.

h) Zwischen dem gelben und dem blauen Gebäude sehe ich das rote Gebäude.

i) Rechts vom grünen Gebäude steht nichts.

a)	Laura
b)	
c)	

4 Du stehst hinter Laura.

a) Wo steht das grüne Gebäude?

b) Wo liegt der Stift?

c) Wo steht das Auto?

d) Wo siehst du die Schere?

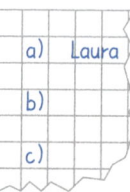

5 Du stehst hinter Tim.

a) Wo liegt die Schere?

b) Wo steht das blaue Gebäude?

c) Wo sitzt Laura?

d) Wo steht das rote Gebäude?

3 h) Es gibt zwei Lösungen.
4 und **5** Mündlich erklären. Mehrere Antworten sind möglich.

6 Baue nach, was dein Partner beschreibt.

Links, rechts, vor, hinter, oben, unten, über, unter, auf, zwischen, neben.

Unten liegen drei rote Steckwürfel. Oben auf dem mittleren ist ein blauer Steckwürfel.

7

 A   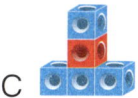 B   C   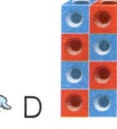 D

a) Beschreibt die Steckwürfelgebäude. Verwendet die Begriffe links, rechts, über, unter, oben, unten, auf und neben.

b) Baut selbst Steckwürfelgebäude und beschreibt sie.

8 Vergleicht die Figuren.

Verwendet die Begriffe links, rechts, über, unter, oben, unten, auf und neben.

a)

b)

c)

d)

9 Haben die Kinder richtig beschrieben?

Ich lege 4 rote Würfel und einen blauen Würfel. Der blaue Würfel ist zwischen 2 roten Würfeln und unter einem roten.
Lilli

Ich stecke 8 rote und 3 blaue Würfel zusammen.
Die blauen Würfel berühren sich nie.
Leni

1

2

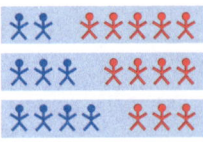

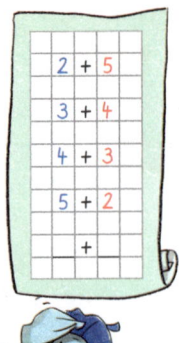

2	+	5	
3	+	4	
4	+	3	
5	+	2	
	+		

Entdeckst du ein Muster? Dann setze fort.

3 a)

3	+	4
4	+	4
5	+	4
6	+	

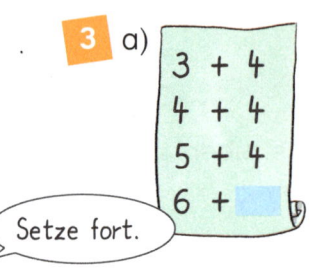

Setze fort.

a)	3	+	4	=
	4	+	4	=
	5	+	4	=
	6	+	4	=
	7	+	4	

b)

5	+	4
5	+	5
5	+	6
	+	

c)

6	+	6
7	+	5
8	+	4
	+	

 d)

3	+	3
4	+	4
5	+	5
	+	

 e)

2	+	18
3	+	15
4	+	12
	+	

4 a) 4 + 6   b) 9 + 1   c) 7 + 3   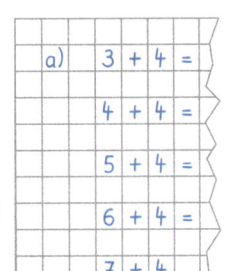 d) 6 + 5   e) 9 + 3
     4 + 5   9 + 2   5 + 3   7 + 5   8 + 4
     4 + 4   9 + 3   3 + 3   8 + 5   7 + 5
     4 + 3   9 + 4   1 + 3   9 + 5   6 + 6

5

6

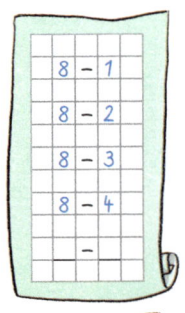

8	–	1
8	–	2
8	–	3
8	–	4
	–	

a)

15	–	3
13	–	3
11	–	3
	–	

b)

10	–	5
11	–	6
12	–	7
	–	

7 a)

20	–	5
15	–	5
10	–	5
5	–	

b)

15	–	2
13	–	2
11	–	2
9	–	

c)

16	–	6
14	–	6
12	–	6
	–	

d)

14	–	3
14	–	4
14	–	5
	–	

e)

17	–	10
16	–	9
15	–	8
	–	

1 Setze die Muster fort. Lege und rechne.

a)

1   1 + 2   1 + 2 + 3   1 + 2 + 3 + ☐

b)

1   1 + 3   1 + 3 + 5   1 + 3 + 5 + ☐

c)

1   2 + 2   3 + 3 + 3

Wie geht es weiter? Was fällt dir auf?

2

a) 7 + 1	b) 6 + 5	c) 5 + 5	d) 5 + 4	e) 2 + 8
7 + 2	6 + 4	6 + 4	4 + 5	3 + 8
7 + 3	6 + 3	7 + 3	3 + 6	4 + 8
7 + 4	6 + 2	8 + 2	2 + 7	5 + 8
7 + 5	6 + 1	9 + 1	1 + 8	6 + 8

3 Schau genau. Immer eine Aufgabe passt nicht. Ändere sie und kreise sie ein.

a) 4 + 2	b) 5 + 3	c) 8 + 3	d) 5 + 8	e) 3 + 2
5 + 3	6 + 3	7 + 4	5 + 7	4 + 4
6 + 4	7 + 3	6 + 5	5 + 6	7 + 6
7 + 6	8 + 2	5 + 6	5 + 5	6 + 8
8 + 6	9 + 3	4 + 6	5 + 3	7 + 10

a)   4 + 2 =
    5 + 3 =
    6 + 4 =
    7 + ⑤ =

4 Schau genau. Immer eine Aufgabe passt nicht. Ändere sie und kreise sie ein.

a) 9 − 9	b) 12 − 3	c) 6 − 0	d) 14 − 4	e) 18 − 10
9 − 8	10 − 3	8 − 2	13 − 4	17 − 9
9 − 7	8 − 3	10 − 5	12 − 4	14 − 8
9 − 6	6 − 3	12 − 6	15 − 4	15 − 7
9 − 4	5 − 3	14 − 8	10 − 4	14 − 6

5 Was fällt euch auf?

a) 7 − 2 + 3	b) 5 − 3 + 4	c) 8 − 7 + 2	d) 6 − 3 + 5
7 + 3 − 2	5 + 4 − 3	8 + 2 − 7	6 + 5 − 3

e) Findet selbst solche Aufgaben, immer mit dem Ergebnis 5.

1 Evtl. nachlegen.
5 Gleichheit der Ergebnisse begründen.

1 Wie rechnest du? Vergleicht und beschreibt die Lösungswege der Kinder.

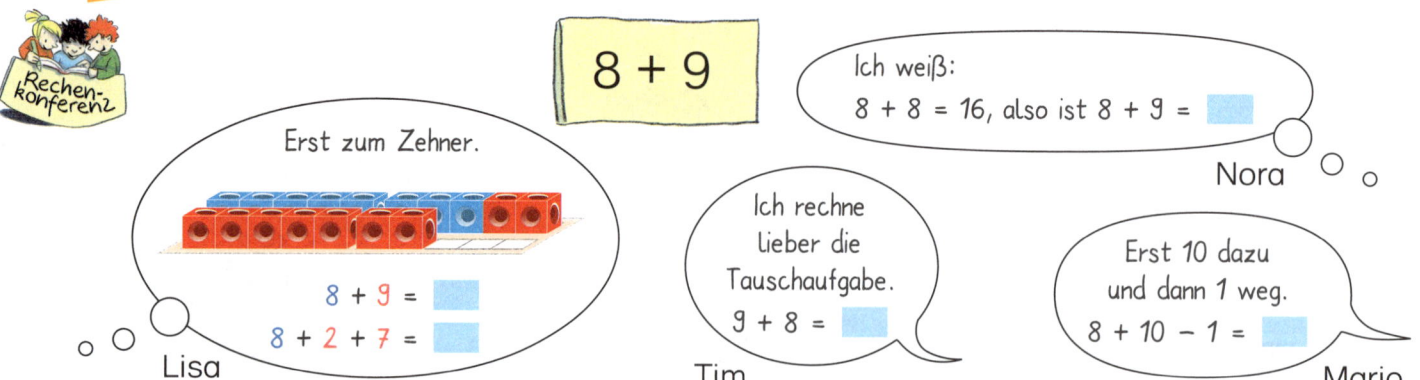

$8 + 9$

Erst zum Zehner.

$8 + 9 =$ □
$8 + 2 + 7 =$ □

Lisa

Ich weiß:
$8 + 8 = 16$, also ist $8 + 9 =$ □

Nora

Ich rechne lieber die Tauschaufgabe.
$9 + 8 =$ □

Tim

Erst 10 dazu und dann 1 weg.
$8 + 10 - 1 =$ □

Mario

2 Wähle deinen Lösungsweg.

a) $8 + 7$	b) $9 + 8$	c) $3 + 8$	d) $9 + 3$	e) $4 + 8$
$5 + 6$	$4 + 7$	$9 + 5$	$7 + 5$	$8 + 6$
$7 + 6$	$6 + 9$	$5 + 7$	$3 + 9$	$7 + 9$
$8 + 5$	$8 + 4$	$7 + 8$	$6 + 7$	$9 + 4$
$9 + 7$	$6 + 8$	$4 + 9$	$5 + 8$	$5 + 9$

3 Merkaufgaben und Nachbaraufgaben.

a)
$7 + 6$	$6 + 7$
$7 + 7$	$7 + 7$
$7 + 8$	$8 + 7$

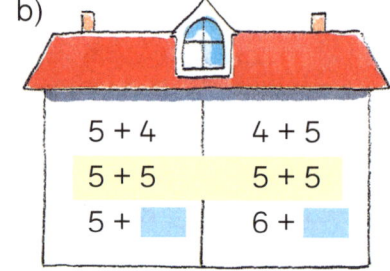
b)
$5 + 4$	$4 + 5$
$5 + 5$	$5 + 5$
$5 +$ □	$6 +$ □

c)
$8 +$ □	□ $+ 8$
$8 + 8$	$8 + 8$
$8 +$ □	□ $+ 8$

4
a)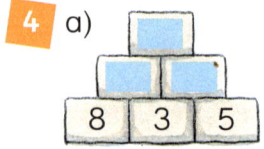
8   3   5

b)
4   5   2

c)
4   5   6

d)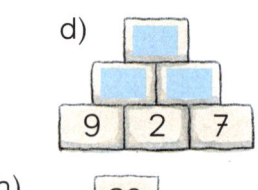
9   2   7

e)
11
5   3

f)
20
12
8

g)
13   5
4

h)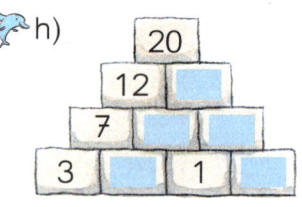
20
12
7
3   1

5 Finde passende Zahlen.

 zum Knobeln

a)
14
10

b)
20
4

c)
20
5
4

d)
18
4
4

1 und **2** Auch andere Lösungswege zulassen.

1 Wie rechnest du? Vergleicht und beschreibt die Lösungswege der Kinder.

Rechenkonferenz

Ich weiß:
16 − 8 = 8, also ist 16 − 9 = ☐

Buket

16 − 9

Erst 10 weg
und dann 1 dazu.
16 − 10 + 1 = ☐

Jan

Erst zum Zehner.

16 − 9 = ☐
16 − 6 − 3 = ☐

Sarah

2 Wähle deinen Lösungsweg.

a) 12 − 5	b) 16 − 7	🐝 c) 15 − 9	🐝 d) 17 − 9	🐝 e) 11 − 6
13 − 6	15 − 6	12 − 4	13 − 5	14 − 9
14 − 7	14 − 5	14 − 8	12 − 7	13 − 7
15 − 8	13 − 4	11 − 5	15 − 7	12 − 8

3
a)

14 − 6
14 − 7
14 − 8

b)

18 − 8
18 − 9
18 − ☐

c)

12 − ☐
12 − 6
12 − ☐

d)

16 − ☐
16 − 8
16 − ☐

4
a)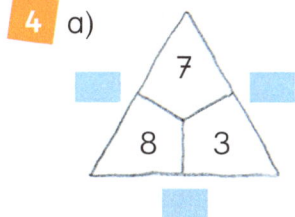
b)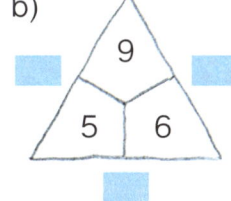
c)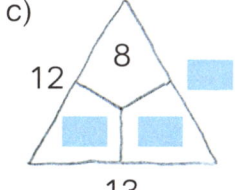
d)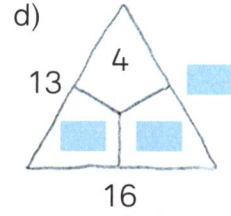

e)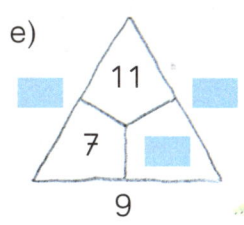
f)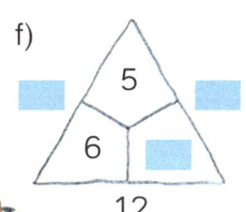
g)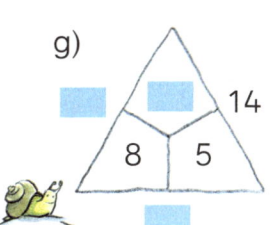
h)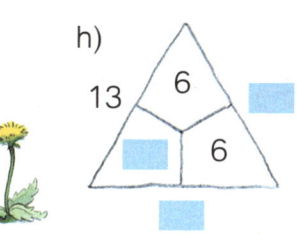

5 Finde passende Zahlen.

a)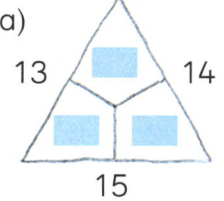
b)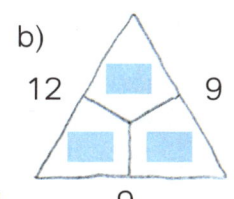
c)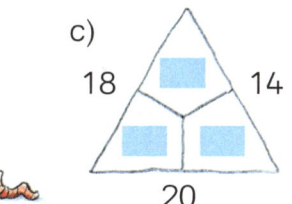
d)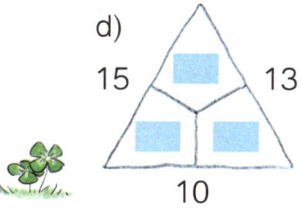

1 und **2** Auch andere Lösungswege zulassen.

1 Ordne die Münzen. Besprecht, wie ihr geordnet habt.

 Rechen-konferenz

Unsere Münzen

Was könnt ihr für diese Münze kaufen?

2 Wie viel fehlt?

a) 10 ct + ⬜ ct = 15 ct
12 ct + ⬜ ct = 15 ct
8 ct + ⬜ ct = 15 ct
5 ct + ⬜ ct = 15 ct
3 ct + ⬜ ct = 15 ct

b) 10 ct + ⬜ ct = 18 ct
12 ct + ⬜ ct = 18 ct
15 ct + ⬜ ct = 18 ct
9 ct + ⬜ ct = 18 ct
1 ct + ⬜ ct = 18 ct

c) 10 ct + ⬜ ct = 12 ct
8 ct + ⬜ ct = 12 ct
5 ct + ⬜ ct = 12 ct
9 ct + ⬜ ct = 12 ct
3 ct + ⬜ ct = 12 ct

3 Lege mit Geld.

a) 8 € + 3 €
7 € + 4 €
7 € + 6 €
9 € + 6 €
8 € + 7 €

a) 8 € + 3 € = 11 €
7 € + 4 € =

b) 5 € + 6 €
5 € + 7 €
5 € + 9 €
5 € + 8 €
5 € + 5 €

c) 9 € + 7 €
8 € + 7 €
7 € + 7 €
6 € + 7 €
5 € + 7 €

4 Mit welchen Münzen kannst du bezahlen?

16 ct   12 ct   15 ct   1 €

20 ct   4 €   8 €   10 ct

16 ct = 10 ct + 5 ct + 1 c
12 ct = 5 ct + 5 ct +

5 Lege immer mit 4 Münzen.

 zum Knobeln

8 ct   10 ct   6 ct   2 ct   16 ct

20 ct   15 ct   5 ct   1 €

Achtung: Eine Aufgabe ist nicht lösbar.

6 Schüttle die Schachtel und lass deinen Nachbarn raten.

 zum Knobeln

20 ct
1 €
15 ct
9 ct
5 €

a) Wie viele Münzen sind es?
b) Welche Münzen sind es?

Beim Plus- und Minusrechnen bis 20...

1 Über verschiedene Ordnungskriterien sprechen.
Bezugsgrößen für den Wert 1 € besprechen.
4 und **5** Mit Rechengeld legen. **6** Mit Münzen spielen.

1

Welche Lastzüge kannst du zusammenstellen?
Zeichne verschiedene Möglichkeiten geordnet auf.
Erkläre, wie du geordnet hast.

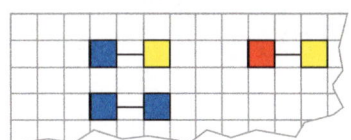

2 Wie viele Möglichkeiten gibt es?

Forschungs-auftrag

a)

b)

c)

3 Schau dir an,
wie die Kinder notiert haben.
Beschreibt und vergleicht.

Rechen-konferenz

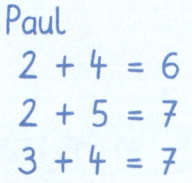

Paul	Anna	Peter
2 + 4 = 6	2 + 4 = 6	2 + 4 = 6
2 + 5 = 7	3 + 4 = 7	3 + 5 = 8
3 + 4 = 7	2 + 5 = 7	2 + 5 = 7

4 Welche Plusaufgaben kannst du bilden? Kombiniere und rechne.

a)

b)

5 a)

b)

6 Erfinde eigene Lkw-Aufgaben.

a)

b)

c) Wie viele Aufgaben gibt es jeweils?

Findest du immer alle Aufgaben?

Beim Kombinieren...

1 und **2** Die verschiedenen Möglichkeiten zunächst probierend ermitteln.
3 Über die Vorteile einer systematischen Anordnung sprechen.
Diff.: Möglichkeiten systematisch anordnen.

1 Schätze die Anzahlen. Vergleicht und sprecht über eure Ergebnisse.

Rechen-konferenz

2 Wie viele Zehner und wie viele Einzelne sind es?

	Z	E
a)	5	3
b)		

a)

b)  c)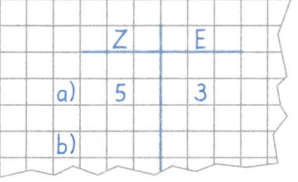

d)  e)

f)  g)

1 Über „Bündel" und Einzelne sprechen.

1 Wie viele Eier sind es?

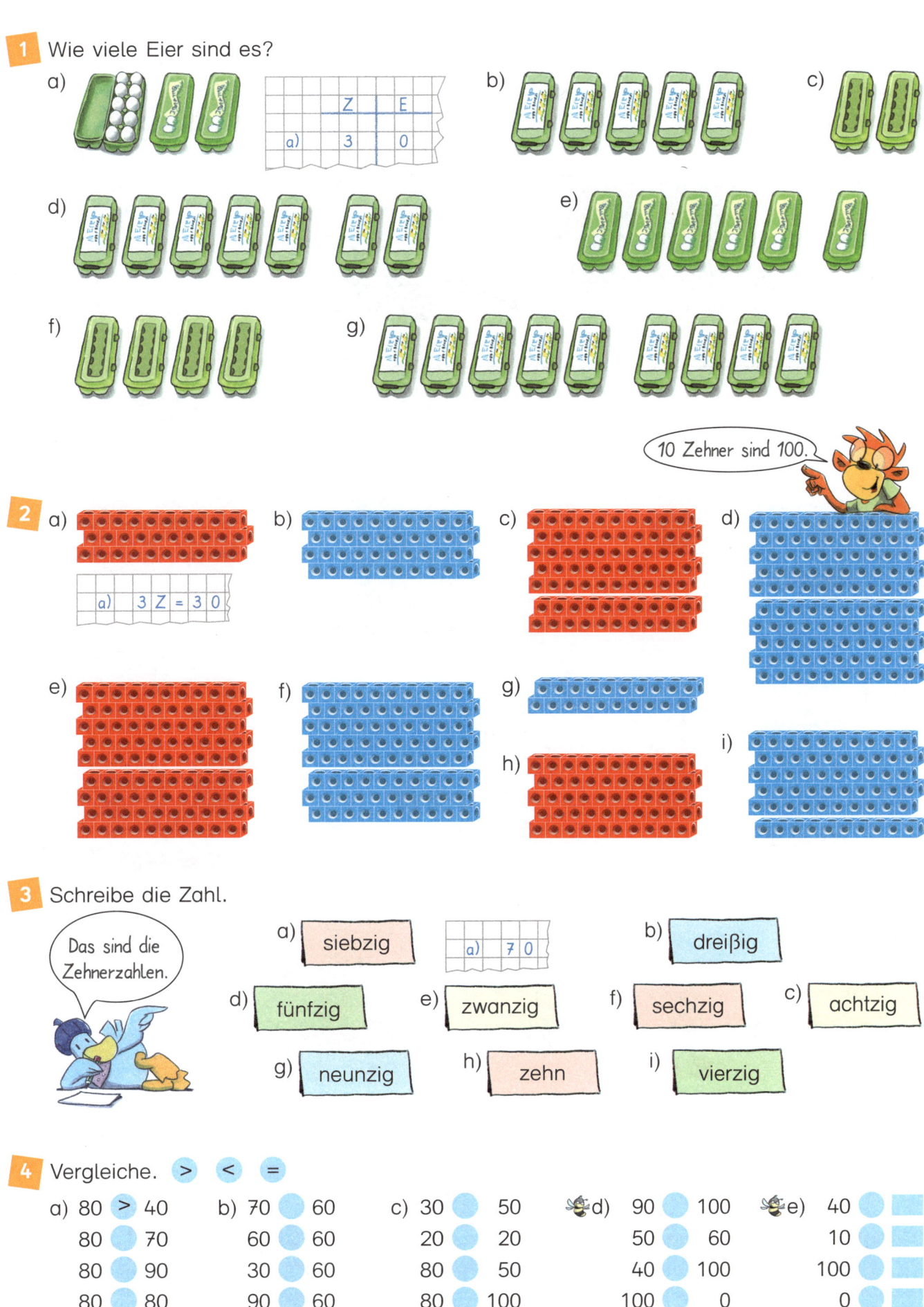

a)

	Z	E
a)	3	0

b)

c)

d)

e)

f)

g)

10 Zehner sind 100.

2 a)

a)	3 Z = 3 0

b)   c)   d)

e)   f)   g)   h)   i)

3 Schreibe die Zahl.

Das sind die Zehnerzahlen.

a) siebzig

a)	7	0

b) dreißig

d) fünfzig   e) zwanzig   f) sechzig   c) achtzig

g) neunzig   h) zehn   i) vierzig

4 Vergleiche. > < =

a) 80 > 40   b) 70 ◯ 60   c) 30 ◯ 50   d) 90 ◯ 100   e) 40 ◯ ▭
   80 ◯ 70   60 ◯ 60   20 ◯ 20   50 ◯ 60   10 ◯ ▭
   80 ◯ 90   30 ◯ 60   80 ◯ 50   40 ◯ 100   100 ◯ ▭
   80 ◯ 80   90 ◯ 60   80 ◯ 100   100 ◯ 0   0 ◯ ▭

3 Diff.: Mit Zehnerstangen legen.
4 Sprechweise „ist größer als", „ist kleiner als", „ist gleich" wiederholen. e) Forscherheft verwenden.

Ich habe 5 Zehner, das sind 50.

Es kommen 3 Einer dazu.

Ich spreche zuerst die Einer, dann die Zehner: dreiundfünfzig.

Aber ich schreibe zuerst die Zehner, dann die Einer.

1 Wie viele?

a)

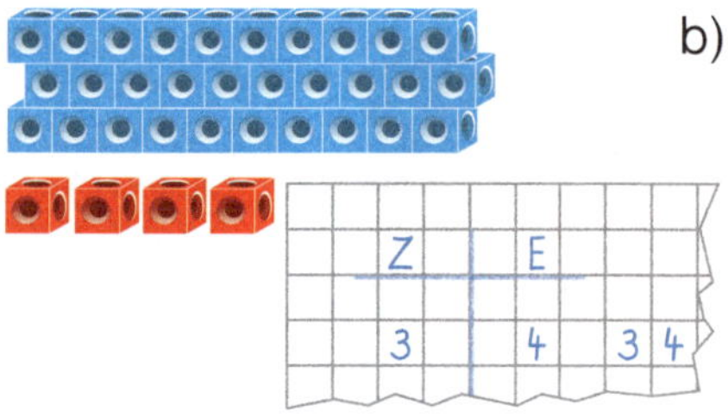

Z	E
3	4

3 4

b)

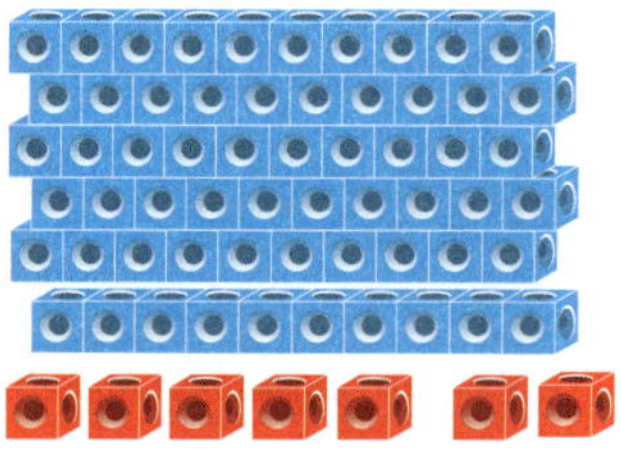

c)

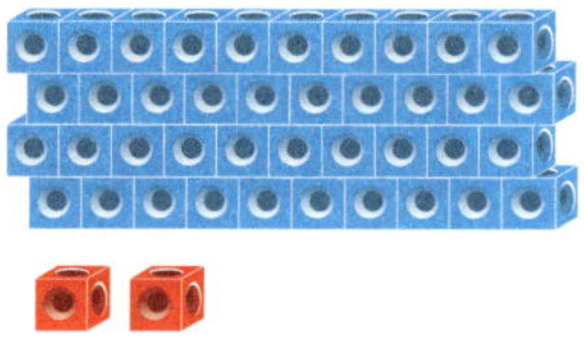

d)

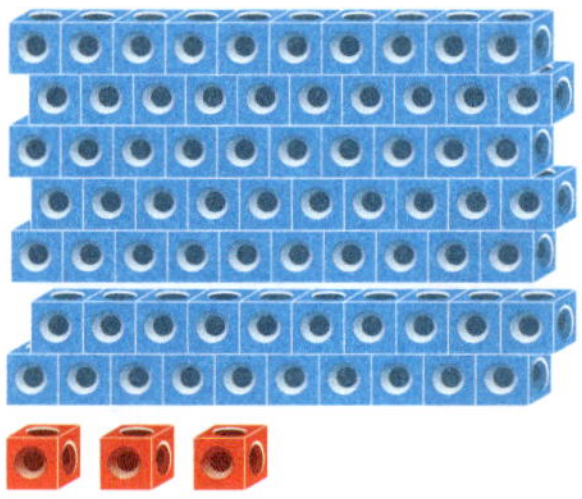

e)

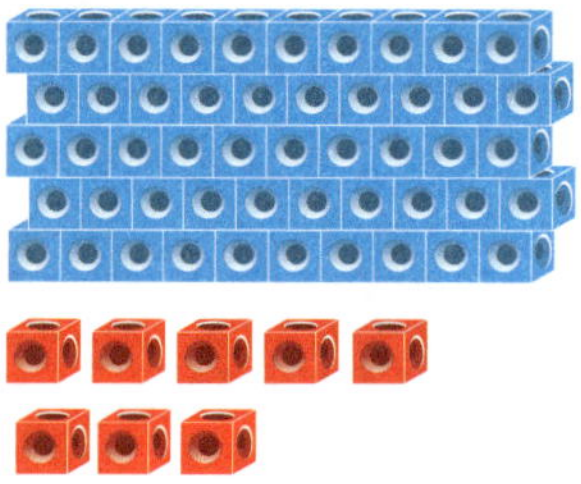

f)

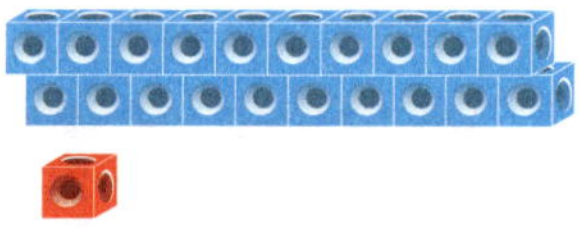

g)

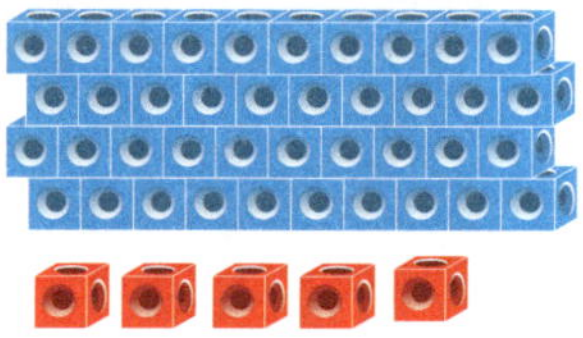

2 3 Zehner und 2 Einer

So male ich.

a)

a)	3 2 = 3 0 + 2

b) c) d) e) f)

g) 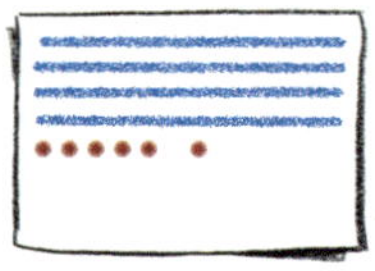 h) 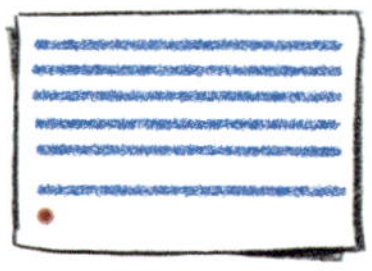 i) 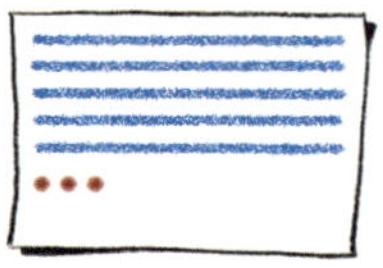 j) k)

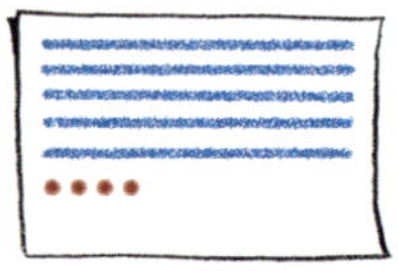

1  Legt mit Zahlenkarten und nennt die Zahlen.

| 39 | 94 | 12 | 75 | 54 | 19 | 47 | 82 |
| 25 | 35 | 61 | 23 | 40 | 69 | 99 | 27 |

2  Beachte, was darunter liegt.

a) 8 0 4   b) 3 6   c) 3 7   d) 7 3   e) 6 2

f) 9 5   g) 2 8   h) 9 6   i) 5 5   j) 8 3

k) 7 9   l) 8 1   m) 1 8

a) 8 4 = 8 0 + 4

b) 3 6 =

3 Nimm immer eine blaue und eine rote Karte. Welche Zahlen kannst du bilden?
Wie viele Zahlen kannst du jedes Mal bilden?

a) 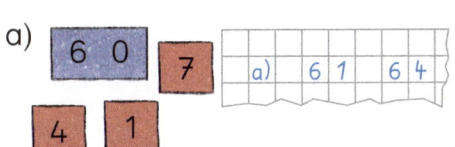 6 0 7 4 1   a) 6 1 6 4

b) 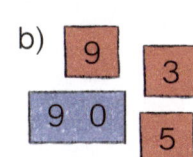 9 3 9 0 5

c) 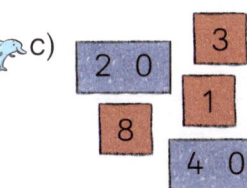 2 0 3 1 8 4 0

d) 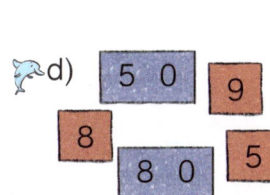 5 0 9 8 8 0 5

4  Wähle eine Zahl. Stelle sie auf verschiedene Weise dar.

Forschungs-auftrag

W

5
a) 2 + 4 + 4	b) 6 + 4 + 5	c) 2 + 6 + 8	d) 4 + 9 + 6
5 + 2 + 3	3 + 7 + 3	9 + 2 + 1	3 + 8 + 7
1 + 6 + 3	9 + 1 + 8	7 + 4 + 3	6 + 6 + 4
2 + 2 + 6	5 + 5 + 2	6 + 3 + 4	8 + 4 + 2
8 + 1 + 1	4 + 6 + 9	5 + 4 + 5	5 + 7 + 5

6 Schreibe fünf Plusaufgaben mit drei Zahlen.

Zahlen auf farbiges Papier kopieren, ausschneiden.
4 Forscherheft verwenden.

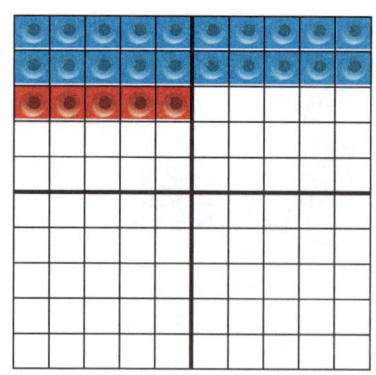

1 Welche Zahl ist dargestellt?

a) 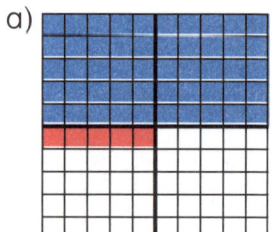   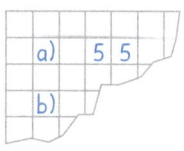   b) 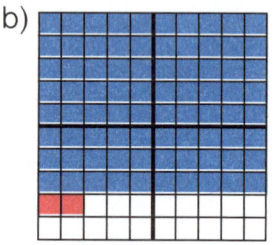   c)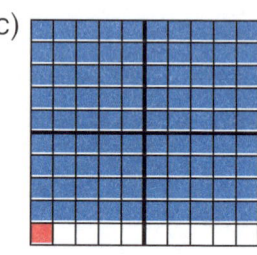

d) 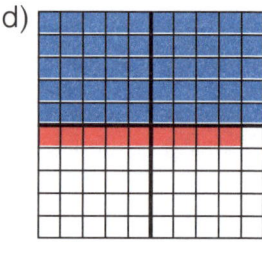   e) 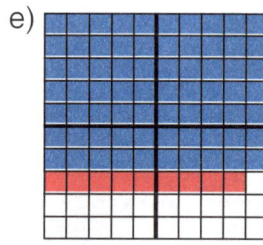   f) 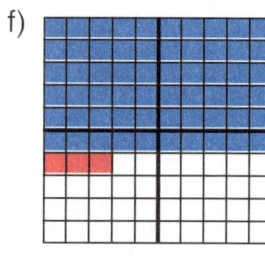   g)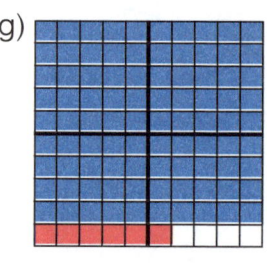

h) 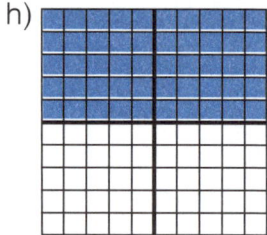   i) 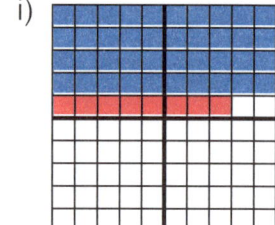   j) 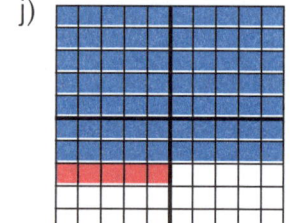   k)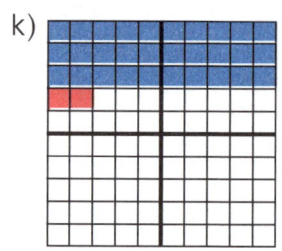

2 Welche Zahl ist dargestellt?

a) 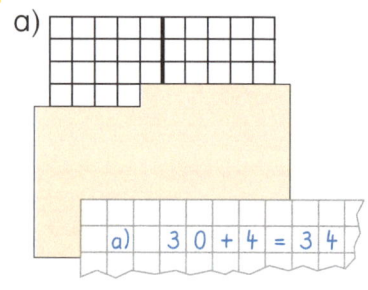   b) 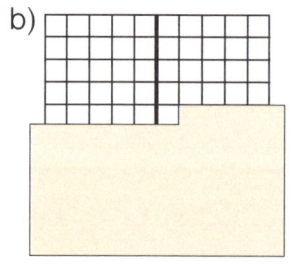   c)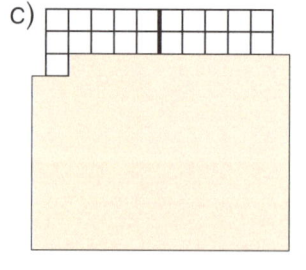

d) 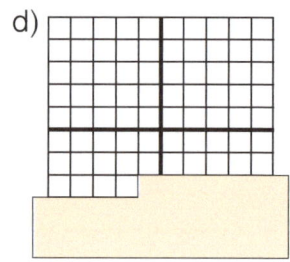   e) 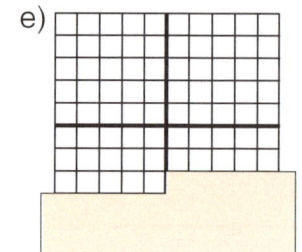   f)

Wie viele Felder sind verdeckt?

1 Diff.: Mit Zehnerstangen und Einzelnen auf dem Hunderterfeld legen.

3 Legt Steckwürfelstangen und Würfel auf das Hunderterfeld.

   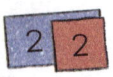  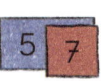 

4 Welche Zahl ergibt sich? Zeige am Hunderterfeld.

a) 50 + 8	b) 40 + 3	c) 80 + 3	d) 70 + 5
70 + 8	40 + 6	60 + 7	20 + 4
90 + 8	40 + 1	90 + 2	30 + 6
30 + 8	40 + 9	70 + 7	50 + 9

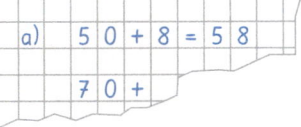

a)   50 + 8 = 58
     70 +

5 Immer 100. Schreibe die passenden Rechnungen.

a)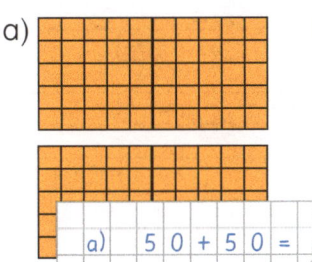

a)   50 + 50 =

b)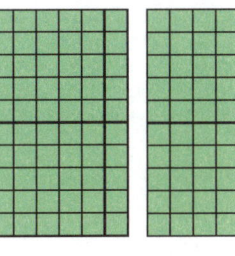

c)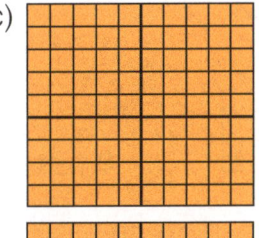

d)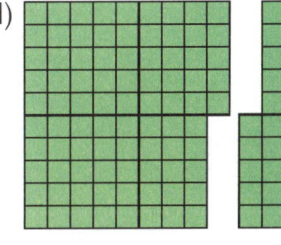

e)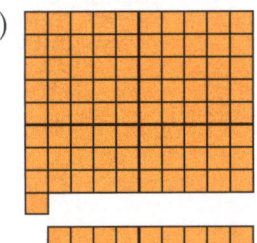

f)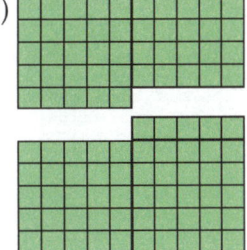

g)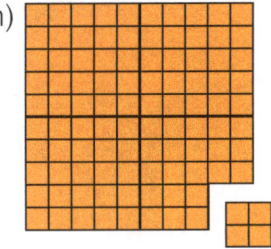

h)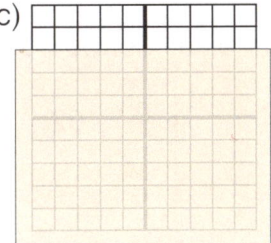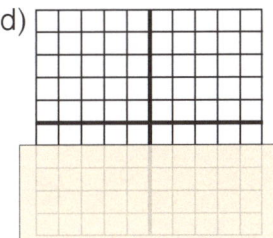

6 Wie viele fehlen bis 100?

a)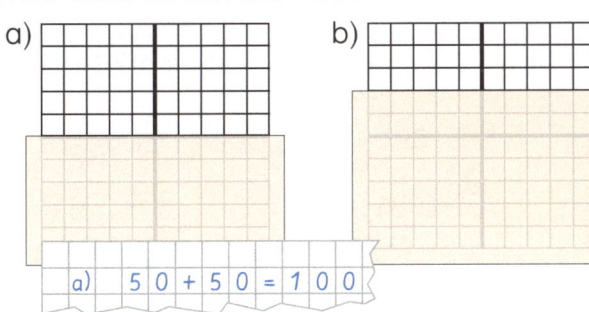

b)

c)

d)

a)   50 + 50 = 100

7 Welche Zahlen könnten es sein?

a) undvierzig

b) undsiebzig

c) fünfund

 a) 41 42 4?

d) dreiund

e) zehn

f) vier

7 Mindestens drei Beispiele suchen.

1

Welche Zahlen habe ich versteckt?

1	●	3	4	●	●	7	8	●	10
●	12	13	●	15	16	●	18	19	●
21	22	●	24	25	26	27	●	29	30
31	●	33	34	35	36	37	38	●	40
●	42	43	44	45	46	47	48	49	●
●	52	53	54	55	56	57	58	59	●
61	●	63	64	65	66	67	68	●	70
71	72	●	74	75	76	77	●	79	80
●	82	83	●	85	86	●	88	89	●
91	●	93	94	●	●	97	98	●	100

Schreibe die versteckten Zahlen ins Heft.

a) | | 2 | | 5 | 6 |

2

Das ist eine Zeile!

| 61 | 62 | 63 | 64 | 65 | 66 | 67 | 68 | 69 | 70 |

Schreibe immer alle Zahlen der Zeile. Was fällt dir auf?

a) | 31 | | | 34 | 35 | | | 38 | | |

a) | 3 | 1 | | 3 | 2 | | 3 | 3 |

b) | 71 | | | | 75 | | | | | 80 |

c) | | | | 54 | 55 | 56 | | | | |

d) | | 82 | | | | 86 | 87 | | 89 | |

e) | 91 | | | | | | 96 | 97 | | |

3

8
18
28
38
48
58
68
78
88
98

Das ist eine Spalte!

Schreibe immer alle Zahlen der Spalte. Was fällt dir auf?

a)
3
23
53
73
93

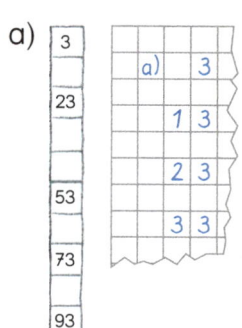

a) | 3 |
1	3
2	3
3	3

b)
10
20
50

c)
25
35
45

d)
6
96

e)
67
77

4 Sind dies die Zahlen einer Spalte oder einer Zeile? Welche Zahl passt nicht? Notiere.

a)
14   32   74
54   84
4   94

b)
2   52   42
62   32
82   20

c)
86   89   84
83   90
81   80

d)
100   93
97   90
99   91   98

5 Zeige an der Hundertertafel. Zähle weiter.

a) 1, 11, 21...   b) 9, 19, 29...   c) 61, 62, 63...   d) 10, 20, 30...

e) 97, 87, 77...   f) 93, 83, 73...   g) 1, 12, 23...   h) 10, 19, 28...

i) Überlege dir eigene Zählreihen.

1	2	3	4	5	6	7	8	9	10
11	12	13	14	15	16	17	18	19	20
21	22	23	24	25	26	27	28	29	30
31	32	33	34	35	36	37	38	39	40
41	42	43	44	45	46	47	48	49	50
51	52	53	54	55	56	57	58	59	60
61	62	63	64	65	66	67	68	69	70
71	72	73	74	75	76	77	78	79	80
81	82	83	84	85	86	87	88	89	90
91	92	93	94	95	96	97	98	99	100

6 Wie heißt die Zahl?

a) zwischen 68 und 70   b) links von 72   c) über 18

d) rechts von 59   e) unter 87   f) über 56

Stellt euch ähnliche Suchaufgaben.

7 Legt Steckwürfel auf die Zahlen
23, 24, 25, 26, 27, 35, 45, 55 und 65.
Was erkennt ihr?

Zehnersprünge nach oben oder unten

Einersprünge nach rechts oder nach links

8 Welcher Weg führt von der Zahl zum blauen Kästchen?

a) 44   b) 34   c) 72   d) 70

a) | 4 4 | 5 4 | 6 4 | 7 4 |

e)   f) 27   g) 52   h) 91   i) 65

e) 83

9 Zu welcher Zahl kommst du?

a) Gehe immer 1 Kästchen nach rechts. Starte bei:

| 35 | | 51 | | 96 | | 63 | | 74 |

b) Gehe immer 2 Kästchen nach links. Starte bei:

| 50 | | 63 | | 88 | | 46 | | 90 |

c) Gehe immer 4 Kästchen nach unten. Starte bei:

| 8 | | 33 | | 49 | | 14 | | 56 |

d) Gehe immer 3 Kästchen nach oben. Starte bei:

| 100 | | 39 | | 54 | | 81 | | 45 |

10

Zeige neununddreißig.

11 Wie oft kommt die Ziffer 5 in der Hundertertafel vor?
Suche selbst solche Aufgaben.

Forschungs-auftrag

Bei den Zahlen bis 100...

1

49   33

Zahlenbuch von

Anna

65   27

48

2 Meine Zahlen

Lieblingszahl: 3

Geburtstag: 14.4.

Hausnummer: 95

Telefonnummer: 63458

Schuhgröße: 32

Ich bastele mir ein Zahlenband und stecke es in den Briefumschlag.

3 Zahlen zeichnen

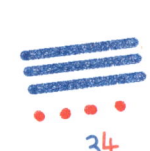
34

45

50

22

53

4 Mein Zahlenband

1	2	3	4	5	6	7	8	9	10
11	12	13	14	15	16	17	18	19	20
21	22	23	24	25	26	27	28	29	30
31	32	33	34	35	36	37	38	39	40
41	42	43	44	45	46	47	48	49	50
51	52	53	54	55	56	57	58	59	60
61	62	63	64	65	66	67	68	69	70
71	72	73	74	75	76	77	78	79	80

5 Meine Zahlenrätsel

Meine Zahl hat gleich viele Zehner und Einer. Sie ist kleiner als 20.

Meine Zahl liegt zwischen 49 und 51.

Welche Zahl fehlt?

43	44	45	46
53	54		56

6 Meine Geheimschrift

1	2	3	4	5	6	7	8	9	10
A	B	C	D	E	F	G	H	I	J

11	12	13	14	15	16	17	18	19	20
K	L	M	N	O	P	Q	R	S	T

21	22	23	24	25	26
U	V	W	X	Y	Z

Meine Rätselwörter:

5	13	13	1

14	9	3	11

Meine Geheimbotschaft:

12	9	5	2	5

20	9	14	1!

Über die unterschiedliche Bedeutung der Zahlen sprechen.
Ein eigenes Zahlenbuch basteln.

7 Immer 100?

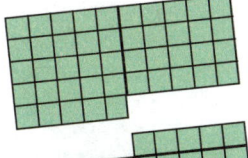
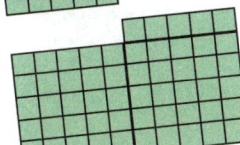

45 + 55

8 Ich habe gezählt

Zimmer in der Schule: 24

Stufen der Treppe: 48

Fenster im Klassenzimmer: 6

Garderobenhaken:

Stühle im Klassenzimmer:

Tische im Klassenzimmer:

9 Meine Zahlenstadt

20		
19	+	1
17	+	3
23	−	3
60	−	40
100	−	80

100		
90	+	10
10	+	90

8		
9	−	1
7	+	1

10 Überall Zahlen

95 €

23 €

11 Das kann ich schon rechnen

20 + 30 = 50
45 + 3 = 48
100 − 25 =
2 · 3 =

10 30 2

5 → 10 → 15 → ☐ → ☐

12 Wie viele Schritte?

	geschätzt	gezählt
Schulhaus- flur:	20	24
Länge Klassenzimmer:		
Länge Schulhof:		
Breite Kletterwand:		
Weg zur Toilette:		

Stelle ein eigenes Zahlenbuch her.

1 Wer hat Recht?

Du hast Glück und würfelst immer eine 6.

Das ist sicher.

Nein, aber es ist möglich.

2 a) Welche Zahl würfelt ihr am häufigsten?
Vermutet vorher.
Würfelt mit einem Spielwürfel 50-mal.

b) Vergleicht eure Ergebnisse.

3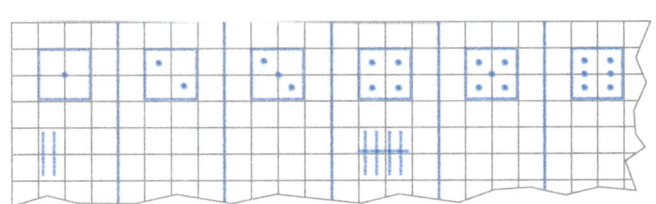

sicher   möglich   unmöglich

Entscheidet und begründet:

a) Ich würfle eine 3.
b) Ich würfle oft eine 0.
c) Ich würfle nie eine 0.
d) Ich würfle jetzt eine 2.

a) möglich
b)

e) Ich würfle nie eine 8.
f) Ich würfle jetzt eine 7.
g) Am häufigsten würfle ich eine 4.
h) Ich würfle jetzt eine Zahl zwischen 0 und 7.

4
a) Jetzt würfle ich eine Zahl kleiner als 7.
b) Mein nächster Wurf wird eine Zahl größer als 6.
c) Mein nächster Wurf wird eine ungerade Zahl.
d) Jetzt würfle ich eine Zahl größer als 2.

Überprüft. Was ist sicher, möglich, unmöglich? Entscheidet und begründet.

5 Würfelt nun mit zwei Würfeln.
Sicher, möglich oder unmöglich? Entscheidet und begründet.

a) Das Ergebnis ist 12.
b) Das Ergebnis ist größer als 1.
c) Das Ergebnis ist 20.

d) Das Ergebnis ist 6.
e) Das Ergebnis ist gerade.
f) Das Ergebnis ist kleiner als 2.

6 Sucht eigene Beispiele. Was ist sicher, möglich, unmöglich?

1 Zähle die Ecken, Seiten und Flächen. Trage in eine Tabelle ein.

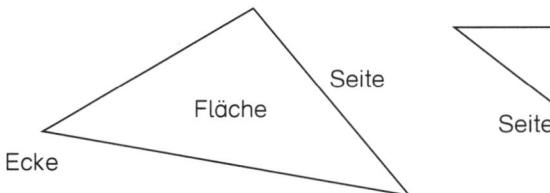

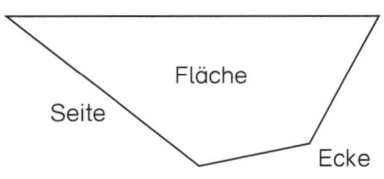

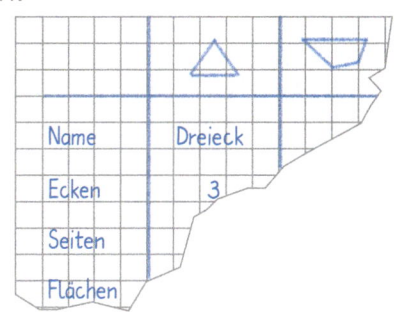

Name	Dreieck
Ecken	3
Seiten	
Flächen	

2

a) Kannst du ein Fünfeck zeichnen? Beschreibe es.
b) Kannst du auch ein Zweieck zeichnen?

> Verwende zum Zeichenen immer ein Lineal.

3 Ein Rechteck kannst du mit Hilfe der Linien des karierten Papiers genau zeichnen.
Zeichne alle Rechtecke ab.

> Das Rechteck ist ein besonderes Viereck.

4 a) Zeichne das Quadrat ab. Beschreibe es. Verwende die Begriffe Seiten, Ecken und Flächen.
b) Beschreibe den Unterschied zwischen Rechteck und Quadrat.

a)

> Das Quadrat ist ein besonderes Rechteck.

5 Zeichne die Flächen ab und schreibe jeweils den Namen dazu.

Dreieck Quadrat Rechteck

a)   b)   c)   d)

e)   f)

g)   i)   k)

h)

5 Diff.: Flächen gleicher Formen mit gleicher Farbe ausmalen.

1 Ella hat im Garten einen Ball versteckt. Sie erklärt Tom den Weg:

> Gehe von der Schulhaustür zum Brunnen, dann an der Sprossenwand und dem Baum vorbei bis zum Rosenbusch. Hier biegst du rechts ab und läufst bis zur Rutsche. Gehe dort nach links und schaue hinter die Hecke. Da findest du den Ball.

a) Suche den Ball. Ist die Beschreibung des Weges richtig?

b) Beschreibe einen anderen Weg, der zum Ball führt.

2 Tom hat ein Springseil versteckt.

a) Suche das Versteck.

b) Wie kann Tom den Weg für Ella beschreiben?

c) Gibt es mehrere Wege? Beschreibe.

3 Beschreibt immer den längsten und den kürzesten Weg.

a) Von der Sprossenwand zum Hüpfspiel.

b) Vom Würfelgebäude zum Rosenstrauch.

c) Vom Schulhaus zur Rutsche.

d) Von der Kletterwand zum Schulhaus.

e) Vom Baum zur Kletterwand.

f) Vom Hüpfspiel zum Baum.

g) Vom Rosenstrauch über den Bach zum Schulhaus.

h) Vom Baum zum Würfelgebäude und dann zur Kletterwand.

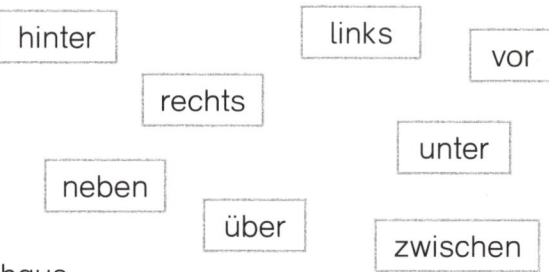

hinter   links   vor   rechts   unter   neben   über   zwischen

4 Finde einen Rundweg, bei dem du an jedem Sportgerät einmal vorbeikommst.

3 Die Begriffe auf den Wortkarten verwenden.

5 Beschreibe den Weg von deinem Klassenzimmer aus.

| zum Hausmeister | zur Turnhalle | zum Rektorat |
| zur Toilette | zur Bücherei | zum Computerraum |

6 Verstecke im Klassenzimmer einen Schatz. Beachte die Beschreibung.

Gehe vom Lehrertisch 5 Schritte nach hinten. Gehe dann 3 Schritte nach rechts und wieder 2 Schritte nach vorn.

Gehe von der Tür 5 Schritte geradeaus, dann 9 Schritte nach rechts und noch einmal 3 Schritte nach rechts.

Gehe von der Tafel 4 Schritte nach links, dann 4 Schritte im Klassenzimmer nach hinten und 5 Schritte nach rechts.

7 Pausenerlebnisse. Was ist wahrscheinlich, was ist unwahrscheinlich?

A Vögel fliegen über den Pausenhof.

B Ein Löwe badet im Schulhofbach.

C In der Pause klettern Kinder an der Kletterwand.

D Der Hausmeister verkauft Fahrräder.

E Eine Katze läuft über den Schulhof.

F Kinder spielen miteinander.

G Die Pause dauert eine Stunde.

H Ein Specht klopft am Baumstamm.

I Spatzen picken am Boden Brotkrümel auf.

J Ein Erstklässler fällt in den Bach.

| A | wahrscheinlich |
| B | |

1 Umkehraufgaben

a) $7 \xrightleftharpoons{+7} \square$ b) $6 \xrightleftharpoons{+9} \square$ c) $4 \xrightleftharpoons{+8} \square$ d) $9 \xrightleftharpoons{+5} \square$ e) $8 \xrightleftharpoons{+4} \square$

f) $5 \rightleftharpoons 12$ g) $6 \rightleftharpoons 6$ h) $7 \rightleftharpoons 11$ i) $9 \rightleftharpoons 15$ j) $8 \rightleftharpoons 17$

k) $\square \xrightleftharpoons{+8} 13$ l) $\square \xrightleftharpoons{+9} 11$ m) $\square \xrightleftharpoons{+8} 15$ n) $\square \xrightleftharpoons{+7} 17$ o) $\square \xrightleftharpoons{+6} 20$

2 Welche Aufgaben sind falsch? Erklärt, wie ihr sie findet und schreibt sie so, dass das Ergebnis stimmt.

a) Ergebnis 17	b) Ergebnis 13	c) Ergebnis 11	d) Ergebnis 18
16 + 1	10 + 2	3 + 3 + 5	10 + 4 + 5
7 + 10	7 + 6	7 + 0 + 2	11 + 0 + 7
9 + 9	4 + 8	6 + 2 + 2	6 + 6 + 6
6 + 8	9 + 5	20 − 9 − 0	20 − 2 − 0
11 + 6	13 + 0	20 − 5 − 3	20 − 1 − 1

3 Ordne. Beginne mit der kleinsten Zahl. Wie heißt das Lösungswort?

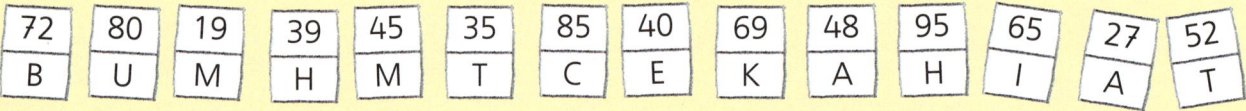

72	80	19	39	45	35	85	40	69	48	95	65	27	52
B	U	M	H	M	T	C	E	K	A	H	I	A	T

4 Schreibe immer alle Zahlen auf, die dazwischen liegen.

a) 10 und 14   b) 45 und 60   c) 38 und 43

d) 57 und 75   e) 79 und 87   f) 88 und 100

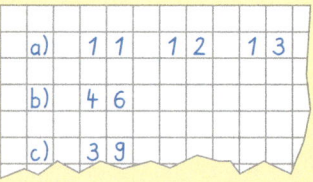

a)	1 1	1 2	1 3
b)	4 6		
c)	3 9		

5 a) Welche Zahlen könnt ihr bilden? Schreibt sie auf.

Forschungs-auftrag

Wenn ich ein blaues und sechs rote Kästchen nehme, dann …

b) Nehmt 7 andere Kärtchen. Wie viele Zahlen könnt ihr damit bilden?

6 Spiel:

Jeder würfelt mit zwei Würfeln und trägt die Zahlen in eine Tabelle ein.

Es gewinnt, wer die größere Zahl eintragen kann.

Notiert, wie oft jeder gewonnen hat.

Z	E
3	4

oder

Z	E
4	3

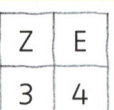

Wie gut kann ich das?

1

| 31 | 32 | 33 | 34 | 35 | 36 | 37 | 38 | 39 | 40 |

41	42	43	44	45	46	47	48	49	50
51	52	53	54	55	56	57	58	59	60
61	62	63	64	65	66	67	68	69	70
71	72	73	74	75	76	77	78	79	80
81	82	83	84	85	86	87	88	89	90
91	92	93	94	95	96	97	98	99	100

Marcel zerschneidet eine Hundertertafel und klebt die Teile zu einem Hunderterstreifen zusammen.

| 1 | 2 | 3 | 4 | 5 | 6 | 7 | 8 | 9 | 10 | 11 | 12 | 13 | 14 | 15 | 16 | 17 | 18 | 19 | 20 | 21 | 22 | 23 | 24 | 25 | 26 | 27 | 28 | 29 | 30 |

a) Wie viele Zehnerstreifen erhält Marcel?

b) Welche Zahlen stoßen an den Klebestellen aneinander?

c) Wo ist die Mitte des Bandes?

Forschungs-auftrag

2 Schreibe immer alle Zahlen auf.

a) | 23 | 24 | | | 28 | | 30 |

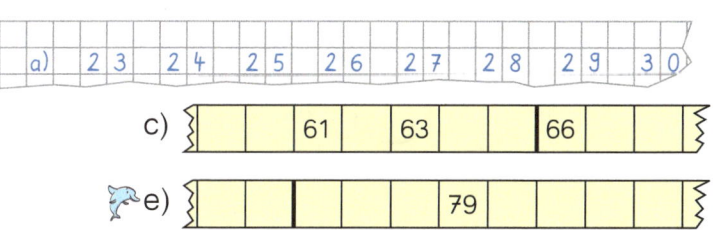

a) | 23 | 24 | 25 | 26 | 27 | 28 | 29 | 30 |

b) | 45 | 46 | | | | 51 | |

c) | | 61 | | 63 | | | 66 | |

d) | 91 | | | | 96 | | |

e) | | | | 79 | | | |

3 Vorwärts. Schreibe auf.

a) 24, 25, … 33   b) 32, 33, … 41   c) 46, 47, … 55   d) 67, 68, … 76

e) 58, 59, … 67   f) 82, 83, … 91   g) 78, 79, … 87   h) 55, 56, … 64

4 Rückwärts. Schreibe auf.

a) 26, 25, … 17   b) 44, 43, … 35   c) 53, 52, … 44   d) 32, 31, … 23

e) 100, 99, … 91   f) 66, 65, … 57   g) 74, 73, … 65   h) 85, 84, … 76

5 a)

Meine Zahl steht direkt vor 70.

b)

Die Zahl, die vor meiner Zahl steht, ist 89.

c)

Meine Zahl kommt nach 90.

d)

Meine Zahl kommt nach 100.

e) Schreibe eigene Zahlenrätsel.

1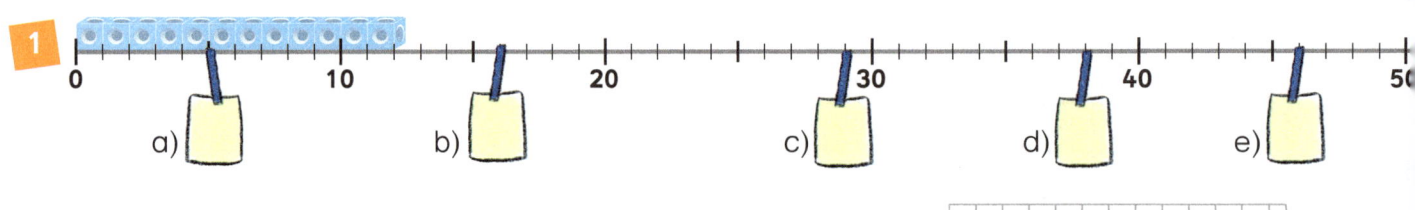

Welche Zahlen gehören zu den Schildern am Zahlenstrahl?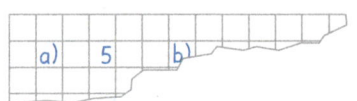

2 Welche Zahlen sind es?

a) 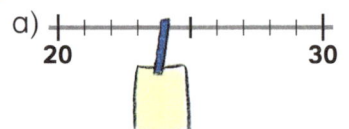 b)  c)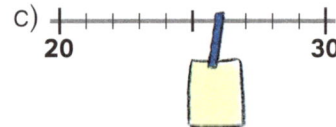

d) 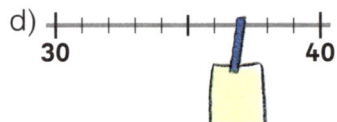 e)  f)

g)  h)  i)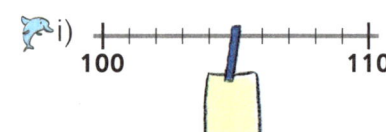

3 Zwischen welchen zwei Zehnerzahlen steht die Zahl?

a)   b)   c)  d)

e)   f)   g) 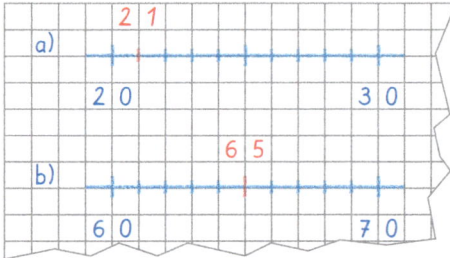 h)

4 Welche Zahlen könnten es sein?

a) 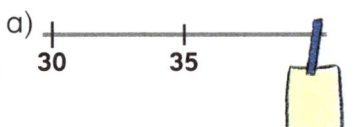 b) 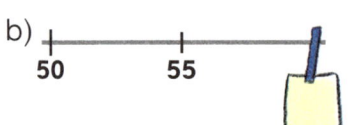 c)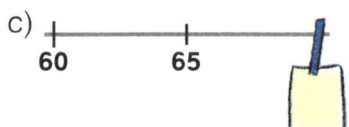

d) 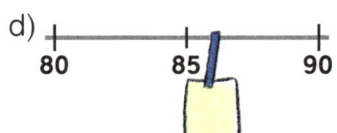 e) 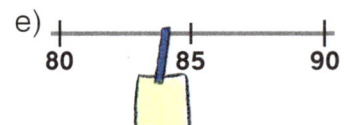 f)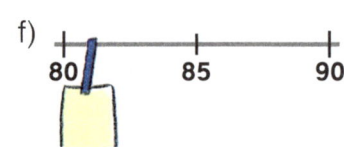

g) 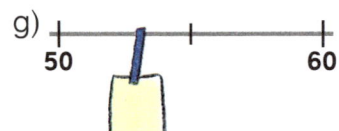 h) 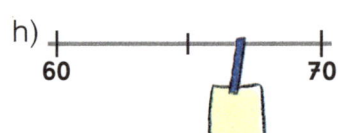 i)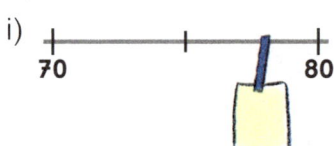

1 Die Aufgabe geht über die ganze Doppelseite.
4 Abstände vergleichen durch Abschätzen

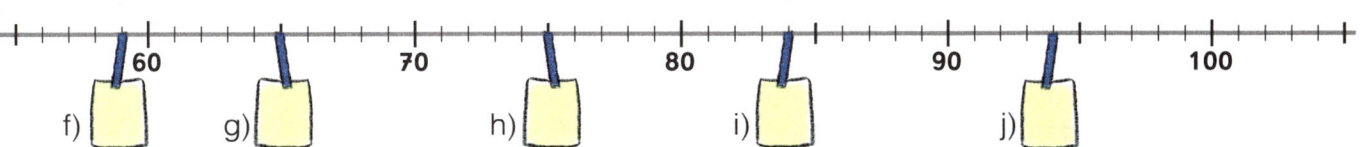

f)   g)   h)   i)   j)

5 Schreibe immer alle Zahlen auf.

a) 31 **35**

b) **65** 69

c) 89 93

d) 12 16

e) 78 82

f) 44 48

g) 63 **65**

h) 72 74

i) 87 89

j) 49 51

a)	3|1	3|2	3|3	3|4
b)	6|5	6|6		
c)	8|9			

6 Nachbarzahlen. Zeige Vorgänger und Nachfolger am Zahlenstrahl. Schreibe.

a) | | 38 | |

a)	3|7	3|8	3|9

b) | | 67 | |

c) | | 77 | |

d) | | 50 | |

e) | | 95 | |

f) | | 75 | |

g) | | 72 | |

h) | | 80 | |

i) | | 55 | |

7 Ergänze bis zur nächsten Zehnerzahl.

a) $16 + \boxed{} = 20$

$37 + \boxed{} = 40$

$55 + \boxed{} = 60$

$42 + \boxed{} = 50$

b) $28 + \boxed{} = 30$

$63 + \boxed{} = 70$

$84 + \boxed{} = 90$

$31 + \boxed{} = 40$

c) $19 + \boxed{} = \boxed{}$

$45 + \boxed{} = \boxed{}$

$23 + \boxed{} = \boxed{}$

$52 + \boxed{} = \boxed{}$

d) $67 + \boxed{} = \boxed{}$

$94 + \boxed{} = \boxed{}$

$71 + \boxed{} = \boxed{}$

$89 + \boxed{} = \boxed{}$

8 Kann das stimmen?

a) Zwischen zwei Zehnerzahlen stehen immer genau zehn Zahlen.

b) Zwischen 0 und 50 gibt es eine Zahl, die 7 Zehner und 4 Einer hat.

c) Es gibt zwischen 0 und 100 genau 8 Zahlen, die 0 Einer haben.

d) Es gibt 3 Zahlen, die doppelt so viele Zehner wie Einer haben.

e) Die Zahl 25 liegt genau in der Mitte zwischen 0 und 50.

f) Es gibt 9 Zahlen mit jeweils gleich vielen Einern und Zehnern.

g) Es gibt keine Zahl, die größer als 100 ist.

h) Den Zahlenstrahl bis 100 kann man in genau 4 gleich große Teile aufteilen.

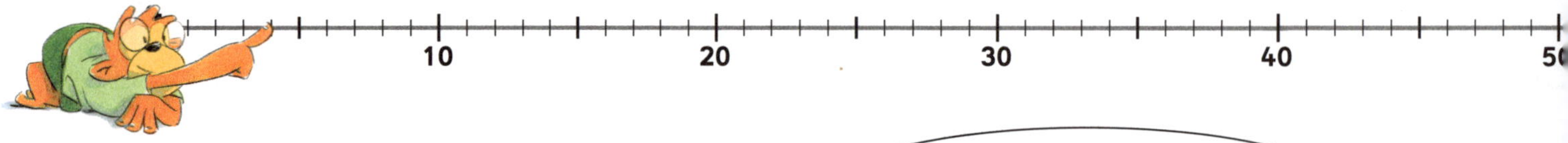

10   20   30   40   50

1 Zeige die Zahlen am Zahlenstrahl.
Ordne sie nach der Größe.

> 31 ist kleiner als 41, also finde ich die Zahl am Zahlenstrahl vor der 41.

a) | 4 | 42 | 24 | 40 |

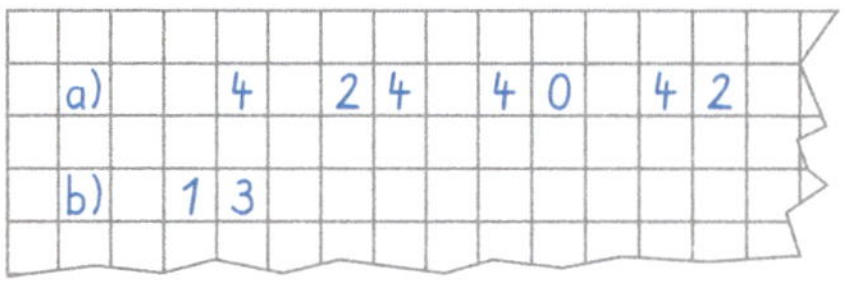

b) | 13 | 41 | 31 |

c) | 32 | 45 | 39 | 46 |

d) | 53 | 35 | 19 | 91 | 55 |

e) | 73 | 43 | 63 | 36 | 34 | 37 |

f) | 77 | 66 | 88 | 33 | 11 | 99 |

g) | 43 | 33 | 34 | 44 | 39 | 41 |

h) | 15 | 26 | 55 | 51 | 62 | 50 |

i) | 27 | 52 | 17 | 72 | 57 | 71 | 70 | 25 |

j) | 28 | 20 | 92 | 91 | 82 | 29 | 80 | 19 |

a)	4	24	40	42
b)	1 3			

2 Löse die Zahlenrätsel.

a) Meine Zahl ist größer als 32 und kleiner als 34.

b) Du findest meine Zahl in der Mitte zwischen 90 und 100.

c) Meine Zahl steht zwischen 30 und 40. Sie hat 8 Einer.

d) Die Nachbarzahlen meiner Zahl sind 39 und 41.

e) Meine Zahl steht genau in der Mitte zwischen 0 und 100.

f) Meine Zahl ist um 5 größer als 64.

g) Meine Zahl findest du genau vor 100 und nach 98.

h) Meine Zahl ist kleiner als 20. Sie hat so viele Einer wie Zehner.

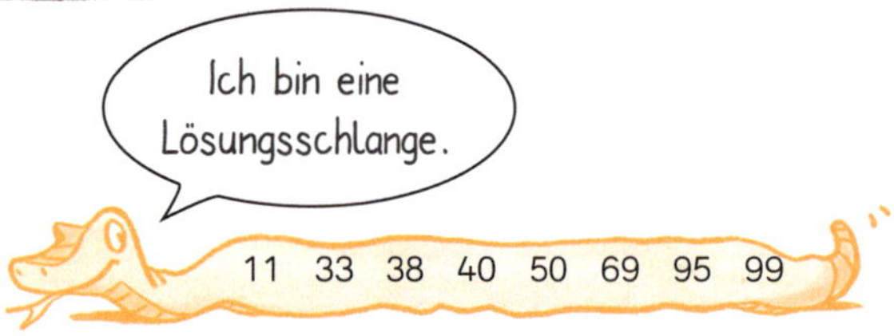

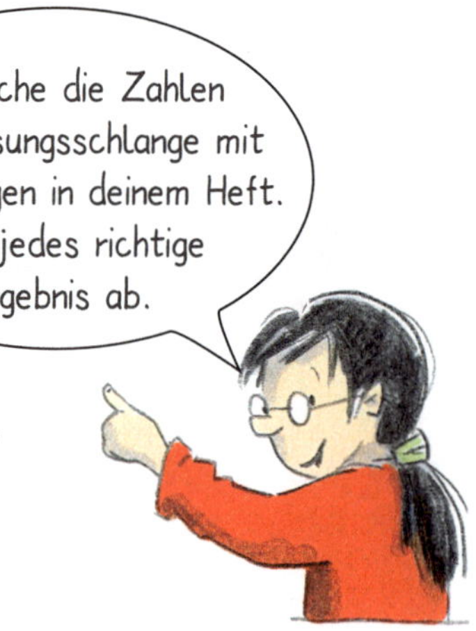

> Vergleiche die Zahlen in der Lösungsschlange mit den Lösungen in deinem Heft. Hake jedes richtige Ergebnis ab.

> Ich bin eine Lösungsschlange.

11 33 38 40 50 69 95 99

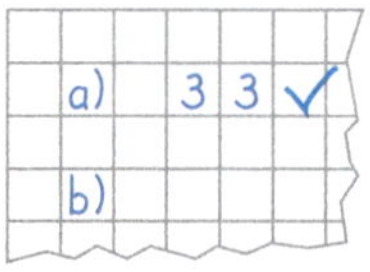

a)	3	3	✓
b)			

3 Erfinde eigene Zahlenrätsel.

W

4 a)

b)

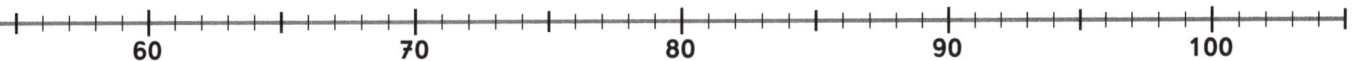

5 Ordne die Schuhgrößen.

| | 2 8 | | 3 3 | |

6 Ordne die Karten nach der Größe. Beginne mit der kleinsten Zahl. Finde das Lösungswort.

7 Wie heißen Vorgänger und Nachfolger?

a) 45	b) 17	c) 36	d) 40	e) 99
80	49	63	60	44
90	71	33	70	11

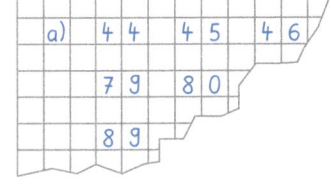

a)	4 4	4 5	4 6
		7 9	8 0
		8 9	

8 Vergleiche. > < =

a)
49 ○ 43
47 ○ 47
40 ○ 41
45 ○ 42

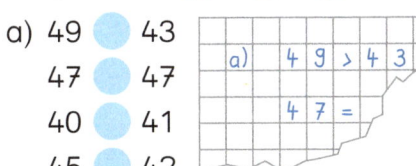

| a) | 4 9 > 4 3 |
| | 4 7 = |

b)
22 ○ 25
96 ○ 92
74 ○ 79
38 ○ 35

c)
52 > ▭
30 > ▭
19 < ▭
90 < ▭

d)
57 ○ ▭
80 ○ ▭
61 ○ ▭
79 ○ ▭

Bei den Zahlen bis 100...

W

9 a) 11 14 ⊖ 3 5 8   b) 6 8 ⊕ 5 6 9

7 d) und e) Es sind jeweils mehrere Lösungen möglich.

1 Rechne.

a)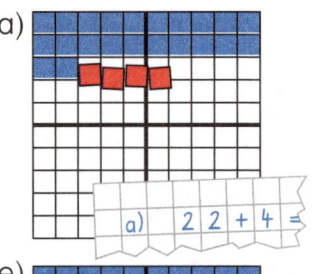

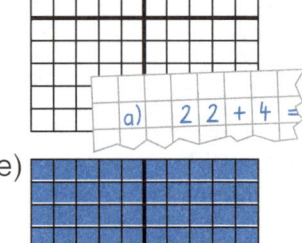

a) 2 2 + 4 =

b)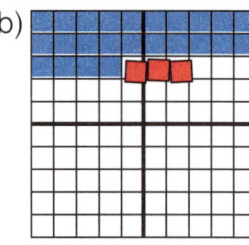

c)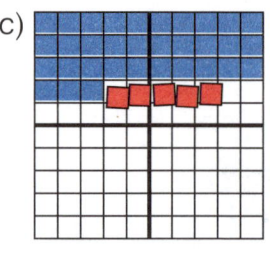

d)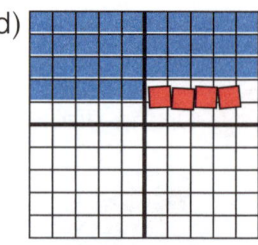

e)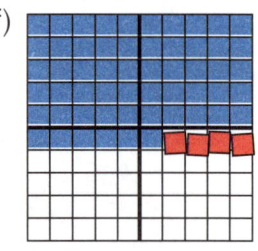

f)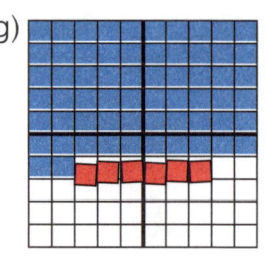

g)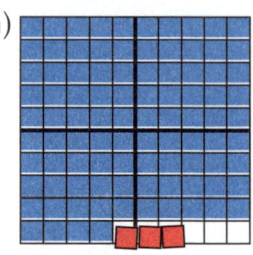

h)

2 Rechne. Kontrolliere sofort.

a)	b)	c)	🐬 d)	🐬 e)
3 + 3	4 + 4	2 + 7	4 + 8	8 + 5
13 + 3	14 + 4	12 + 7	14 + 8	18 + 5
53 + 3	43 + 4	42 + 7	84 + 8	58 + 5
73 + 3	63 + 4	72 + 7	65 + 8	48 + 6
63 + 3	52 + 4	83 + 7	75 + 8	69 + 6
83 + 3	72 + 4	93 + 7	83 + 8	76 + 6

6 8 9 12 13 16 18 19 22 23 47 49 54 56 56 63 66 67 73 75 76 76 79 82 83 86 90 91 92 100

3
a)	b)	c)	🐬 d)	🐬 e)
12 + 4	43 + 5	52 + 2	34 + 9	13 + 7
12 + 3	53 + 5	64 + 2	44 + 9	24 + 7
12 + 2	63 + 5	74 + 3	55 + 9	84 + 7
12 + 7	83 + 5	94 + 3	65 + 8	75 + 5
12 + 6	93 + 5	95 + 4	86 + 8	77 + 5
12 + 5	94 + 6	96 + 4	68 + 8	37 + 5

14 15 16 17 18 19 20 31 42 43 48 53 54 58 64 66 68 73 76 77 80 82 88 91 94 97 98 99 100 100

4

Wir fahren mit 20 Kindern und acht Erwachsenen.

Unsere Klasse hat 22 Kinder. Drei Mütter und ich fahren mit.

Der Bus hat nur 27 Plätze.

1 bis **3** Diff.: Mit Steckwürfeln legen.
4 Erzählen, rechnen und entscheiden.

1 Rechne.

a)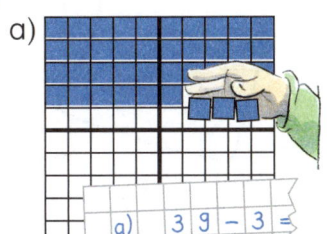

a) 3 9 – 3 =

b)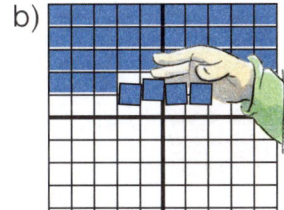

c)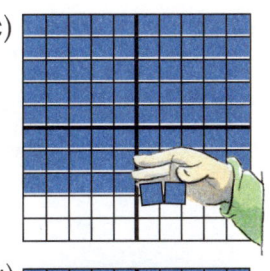

d)

e)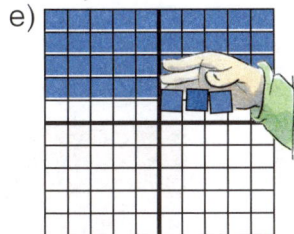

f)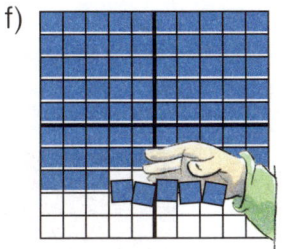

g)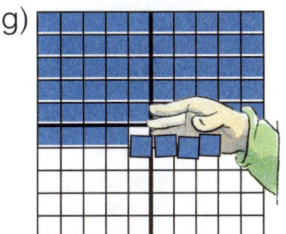

h)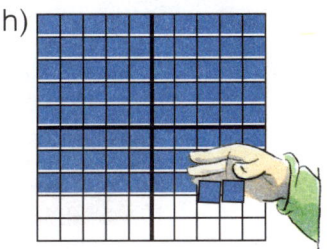

2 Rechne. Kontrolliere sofort.

a)	b)	c)	d)	e)
6 – 4	4 – 3	5 – 2	11 – 5	12 – 6
16 – 4	14 – 3	15 – 2	41 – 5	14 – 6
36 – 4	44 – 3	55 – 2	31 – 5	34 – 6
46 – 4	54 – 3	65 – 2	14 – 7	16 – 8
76 – 4	64 – 3	75 – 2	94 – 7	26 – 8
96 – 4	83 – 3	92 – 2	83 – 7	35 – 8

1 2 3 6 6 7 8 8 11 12 13 18 26 27 28 32 36 41 42 51 53 61 63 72 73 76 80 87 90 92

3

a)	b)	c)	d)	e)
19 – 7	36 – 4	69 – 4	55 – 6	18 – 9
29 – 7	37 – 5	79 – 4	65 – 6	48 – 9
38 – 7	38 – 6	88 – 6	74 – 6	47 – 9
58 – 7	39 – 8	98 – 6	22 – 7	12 – 4
88 – 7	29 – 8	38 – 5	92 – 7	52 – 4
98 – 7	29 – 6	18 – 5	45 – 7	83 – 4

8 9 12 13 15 21 22 23 31 31 32 32 32 33 38 38 39 48 49 51 59 65 68 75 79 81 82 85 91 92

4 Welche Fragen passen?

Im Bus sitzen 39 Personen.
Am Bahnhof steigen acht Personen aus.

A An welcher Haltestelle steht der Bus?

B Wie viele Personen sitzen noch im Bus?

C Wie heißt der Busfahrer?

D Wie viele Sitzplätze werden frei?

1 bis **3** Diff.: Mit Steckwürfeln legen.
4 Diff.: Zu jeder passenden Frage eine Rechnung und eine Antwort finden.

1 Wie rechnest du?

Vergleicht und besprecht die Rechenwege.

28 + 30

20 + 30 = 50		
50 + 8 = 58	30 + 30 = 60	
	60 − 2 = 58	30 + 28 = 58
Maja	Jannik	Eren

2 Rechne.

a)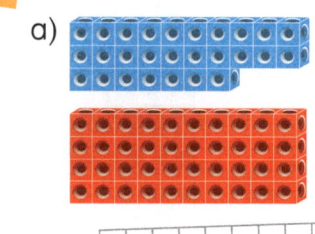

| a) | 2 7 + 4 0 = |

b)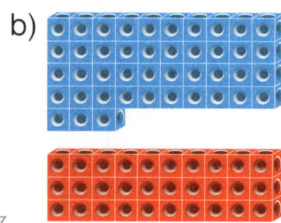

c)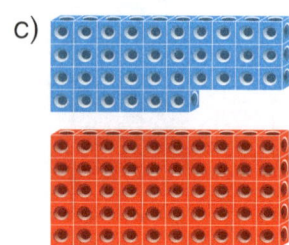

d)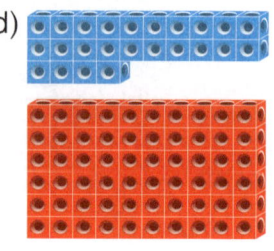

3 Rechne auf deinen Weg.

a) 7 + 10	b) 5 + 20	c) 9 + 30	d) 3 + 40	e) 8 + 80
17 + 10	15 + 20	19 + 30	13 + 80	18 + 60
27 + 10	25 + 20	29 + 30	16 + 50	58 + 20
37 + 10	35 + 20	38 + 30	26 + 70	87 + 10
47 + 10	55 + 20	48 + 30	37 + 20	35 + 30

17 25 27 35 37 39 43 45 47 49 55 57 57 59 65 66 68 75 78 78 78 88 93 96 97

4 Rechne.

a)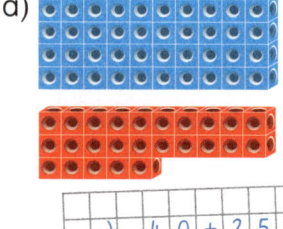

| a) | 4 0 + 2 5 = |

b)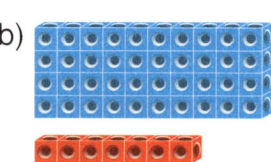

c)

d)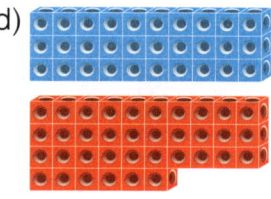

5

a) 50 + 6	b) 60 + 3	c) 60 + 9	d) 30 + 4	e) 80 + 7
50 + 16	50 + 13	60 + 19	30 + 14	70 + 27
50 + 26	40 + 23	60 + 29	30 + 24	60 + 47
50 + 36	30 + 43	60 + 39	30 + 44	30 + 67
50 + 46	20 + 33	60 + 38	30 + 34	40 + 57
50 + 48	10 + 23	60 + 37	30 + 35	50 + 57

33 34 44 53 54 56 63 63 63 64 65 66 69 73 74 76 79 86 87 89 96 97 97 97 98 98 99 107 107

2 und 4 Diff.: Mit Steckwürfeln legen.

3 Tauschaufgaben nutzen.

1 Wie rechnest du?

Vergleicht und besprecht die Rechenwege.

56 – 30

50 – 30 = 20
20 + 6 = 26

Paul

56 – 30 = 26
Lara

2 Rechne.

a) 　　b) 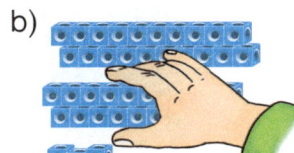　　c) 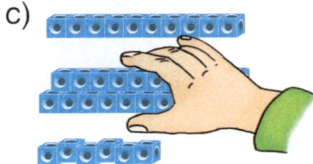　　d)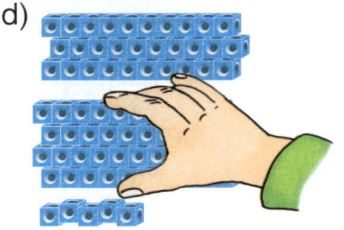

3 Rechne auf deinem Weg.

a) 61 – 10	b) 62 – 20	c) 55 – 30	d) 98 – 40	e) 35 – 20
51 – 10	52 – 20	85 – 30	88 – 40	67 – 50
31 – 10	32 – 20	65 – 30	97 – 40	43 – 40
41 – 10	42 – 20	75 – 30	87 – 40	94 – 90
21 – 10	22 – 20	95 – 30	73 – 40	76 – 40

2　3　4　11　12　15　17　21　22　25　31　32　33　35　36　41　42　45　47　48　51　55　57　58　65

4

starke Päckchen 2

a) 76 – 10	b) 92 – 10	c) 61 – 10	d) 89 – 0	e) 68 – 60
76 – 20	92 – 20	63 – 20	87 – 20	76 – 70
76 – 30	92 – 30	65 – 30	85 – 40	84 – 80
76 – 40	92 – 60	67 – 40	83 – 60	92 – 90
76 – 50	92 – 50	68 – 50	81 – 80	100 – 100

f) Welche Aufgaben passen nicht in das Muster? Ändere sie.

5

a) 36 + 30	b) 78 + 20	c) 69 + 30	d) 47 + 40	e) 84 + 20
36 – 30	78 – 20	69 – 30	47 – 40	84 – 20
45 + 20	82 + 10	56 + 40	53 + 30	61 + 40
45 – 20	82 – 10	56 – 40	53 – 30	61 – 40

6　7　16　21　23　25　39　58　64　65　66　72　83　87　92　96　98　99　101　104

6 a)

Wenn du erst 90 halbierst und dann minus 30 rechnest, erhältst du meine Zahl.

b)
Wenn du zu 53 erst 30 dazurechnest und dann 50 abziehst, hast du meine Zahl.

c)

Wenn du von 87 zuerst 40 und danach 20 abziehst, erhältst du meine Zahl.

d) Schreibe eigene Rätsel.

2 Diff.: Mit Steckwürfeln legen.

1 Rechne.

a)

a) 40 – 4 =

b)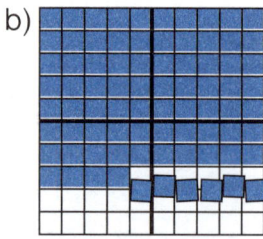

c)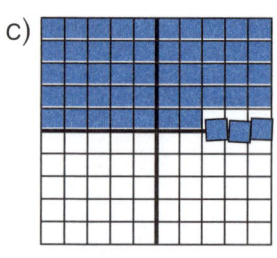

d)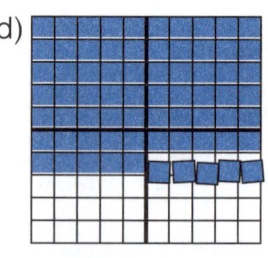

e)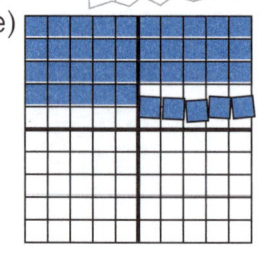

f)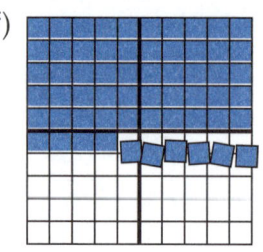

g)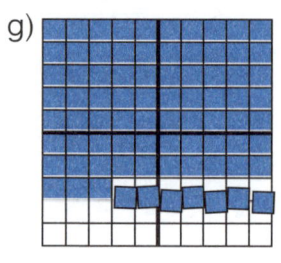

h)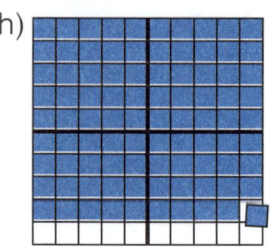

2 Rechne.

a)	b)	c)	d)	e)
10 – 3	50 – 1	10 – 1	60 – 4	30 – 6
20 – 3	50 – 2	20 – 2	60 – 5	80 – 4
30 – 3	50 – 3	30 – 3	60 – 6	20 – 5
40 – 3	50 – 4	40 – 4	60 – 7	70 – 7
50 – 3	50 – 5	50 – 5	60 – 8	70 – 5
60 – 3	50 – 6	60 – 6	60 – 9	90 – 9

7 9 15 17 18 24 27 27 36 37 44 45 45 46 47 47 48 49 51 52 53 54 54 55 56 57 63 65 76 81

3

a)	b)	c)	d)
30 – 4	70 – 3	90 – 2	30 – 15
60 – 4	80 – 4	80 – 3	80 – 15
90 – 4	70 – 5	40 – 4	40 – 15
90 – 5	50 – 6	30 – 2	70 – 25
60 – 5	70 – 7	40 – 6	80 – 25
30 – 5	90 – 8	70 – 9	100 – 25

Kannst du das auch schon?

15 25 25 26 28 34 36 44 45 55 55 56 61 63 65 65 67 75 76 77 82 85 86 88

4 Findet passende Fragen und rechnet.

a) Im Bus sind 30 Kinder.
5 steigen aus.

b) An der nächsten Haltestelle steigen wieder Kinder aus.
20 Kinder fahren weiter.

c) Erfindet eigene Rechengeschichten zum Busfahren.

1 und **2** Diff.: Mit Steckwürfeln legen.

1

Wie viele Flaschen passen noch hinein?

$$16 + \boxed{} = 20$$

Es passen noch

$\boxed{}$ Flaschen in die Kiste.

2 Ergänze zur nächsten Zehnerzahl.

a)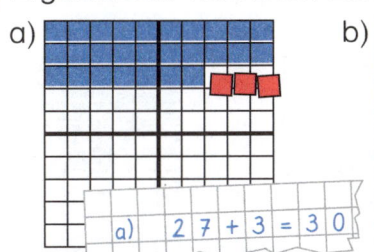

a)   2 7 + 3 = 3 0

b)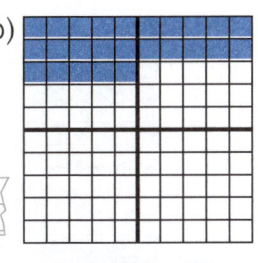

c)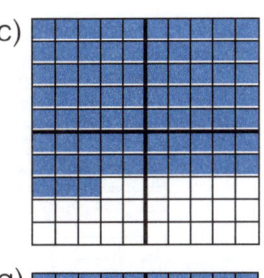

d)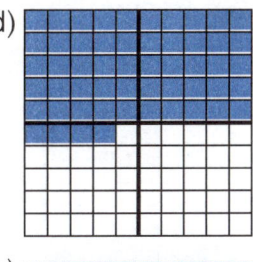

e)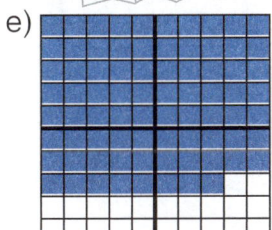

f)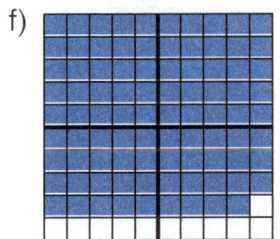

g)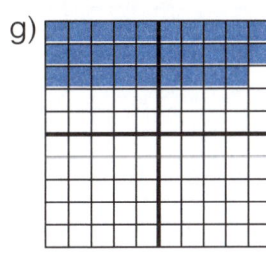

h)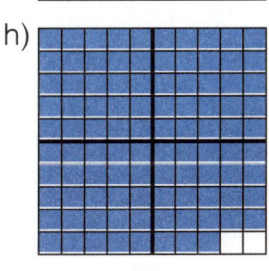

3  starke Päckchen 2

a) $48 + \boxed{} = 50$
46 + ☐ = 50
44 + ☐ = 50
42 + ☐ = 50
40 + ☐ = 50

b) $13 + \boxed{} = 20$
33 + ☐ = 40
53 + ☐ = 60
73 + ☐ = 80
93 + ☐ = 100

c) $41 + \boxed{} = 50$
52 + ☐ = 60
63 + ☐ = 70
74 + ☐ = 80
85 + ☐ = 90

d) $88 + \boxed{} = 90$
17 + ☐ = 20
36 + ☐ = 40
65 + ☐ = 70
74 + ☐ = 80

4 Ergänze zur nächsten Zehnerzahl.

a)

a)   6 8 + 2 = 7 0

b)  c) d) e) f)

g) h) i) j) k) 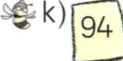 l)

5 a)

Wenn du zu meiner Zahl sieben dazuzählst, erhältst du 50.

b)

Wenn du zu meiner Zahl acht dazuzählst, erhältst du 100.

c)

Wenn du zu meiner Zahl neun hinzufügst erhältst du 90.

2 bis **4** Mit Steckwürfeln legen.

1 Wie rechnest du? Vergleicht und besprecht die Rechenwege.

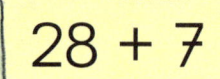 28 + 7

Umut: +2 +5 28 30 35

Jana: 28 + 2 + 5 = 35

Mia: 8 + 7 = 15 20 + 15 = 35

0   5   10   15   20   25   30   35   40   45

2 Rechne.

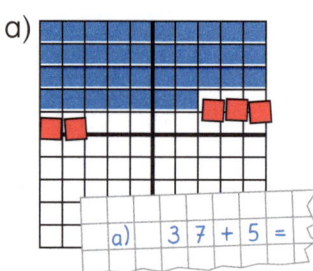

a) 37 + 5 =

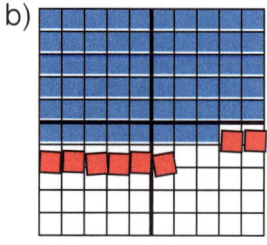

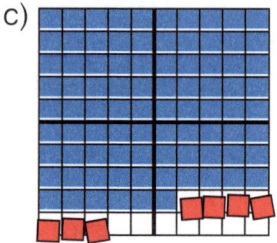

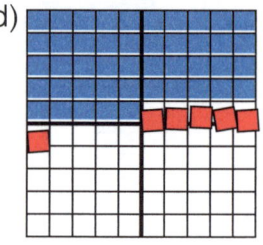

3 Rechne auf deinem Weg.

a)	b)	c)	d)	e)
6 + 8	3 + 9	5 + 7	5 + 8	7 + 4
16 + 8	13 + 9	15 + 7	35 + 8	17 + 4
26 + 8	23 + 9	25 + 7	56 + 8	38 + 4
36 + 8	84 + 9	17 + 5	67 + 8	68 + 4
56 + 8	74 + 9	37 + 5	87 + 8	78 + 4
46 + 8	64 + 9	57 + 5	77 + 8	58 + 4

4 Welche Aufgaben sind falsch? Erklärt, wie ihr sie findet und schreibt sie so, dass das Ergebnis stimmt.

a) Ergebnis 73	b) Ergebnis 45	c) Ergebnis 92	d) Ergebnis 54
68 + 5	39 + 5	83 + 9	47 + 7
65 + 9	36 + 9	87 + 5	46 + 9
67 + 6	37 + 6	88 + 3	49 + 2
66 + 6	38 + 7	85 + 7	48 + 6
69 + 4	39 + 6	86 + 8	45 + 9

5 Triffst du genau die 100? Vermute erst. Begründe.

a) Start 80
Immer plus 2.

a) 80 + 2 = 82
82 + 2 = 84
84

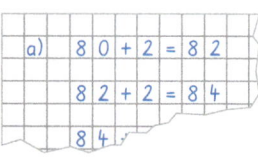
b) Start 50
Immer plus 5.

c) Start 60
Immer plus 8.

d) Start 40
Immer plus 9.

e) Finde weitere Aufgabenreihen, die genau zur 100 führen.

1 Am Zahlenstrahl orientieren.
2 Diff.: Mit Steckwürfeln legen. **5** Jeweils immer die gleiche Zahl dazurechnen.

1 Wie rechnest du? Vergleicht und besprecht die Rechenwege.

Rechenkonferenz

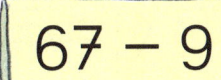
67 – 9

Seja: 58 — 60 — 67 (−2)

Laura: 67 – 7 – 2 = 58

Nico: 67 – 10 = 57
57 + 1 = 58

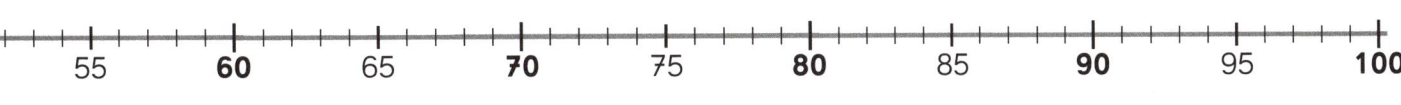
0 55 60 65 70 75 80 85 90 95 100

2 Rechne.

a)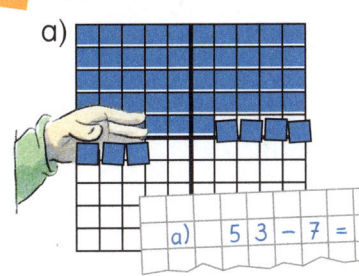
a) 5 3 – 7 =

b)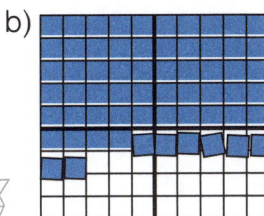

c)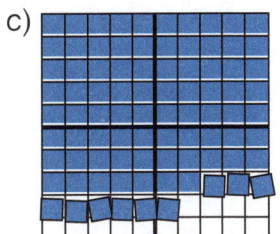

d)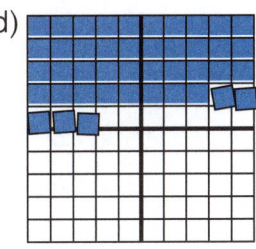

3 Rechne auf deinem Weg.

starke Päckchen

a)	b)	c)	d)	e)
15 – 6	17 – 9	14 – 8	13 – 6	16 – 7
35 – 6	77 – 9	84 – 8	93 – 6	26 – 7
55 – 6	57 – 9	74 – 8	83 – 6	76 – 7
75 – 6	36 – 9	75 – 8	82 – 8	13 – 5
95 – 6	16 – 9	95 – 8	92 – 8	33 – 5
45 – 6	26 – 9	35 – 8	22 – 8	93 – 5

4 Welche Aufgaben sind falsch? Erklärt, wie ihr sie findet und schreibt sie so,

dass das Ergebnis stimmt.

a) Ergebnis 38	b) Ergebnis 86	c) Ergebnis 75	d) Ergebnis 27
42 – 4	94 – 7	83 – 8	31 – 6
45 – 7	92 – 6	86 – 6	35 – 8
46 – 9	95 – 8	82 – 9	33 – 6
41 – 3	91 – 5	84 – 9	36 – 7
44 – 8	93 – 7	81 – 6	34 – 7

5 Triffst du genau die Null? Vermute erst. Begründe.

a)  Start 20

a) 2 0 – 5 = 1 5
1 5 – 5 = 1 0
1 0

Immer minus 5.

b) 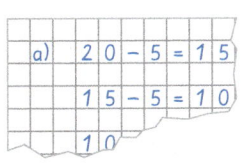 Start 71

Immer minus 10.

c)  Start 23

Immer minus 2.

d)  Start 55

Immer minus 11.

e) Finde weitere Aufgabenreihen, die genau zur Null führen.

1 Wie rechnest du?

Vergleicht und besprecht die Rechenwege.

Rechen-konferenz

$$43 + 25$$

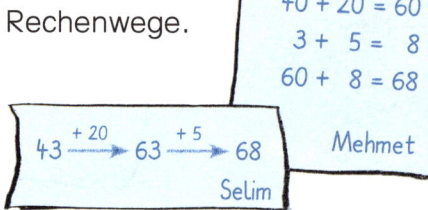

Selim: $43 \xrightarrow{+20} 63 \xrightarrow{+5} 68$

Mehmet:
40 + 20 = 60
3 + 5 = 8
60 + 8 = 68

Leon:
43 + 5 = 48
48 + 20 = 68

Sina

2 Rechne auf deinem Weg.

a)	b)	c)	d)	e)
15 + 4	11 + 8	14 + 3	16 + 2	13 + 5
15 + 14	11 + 18	15 + 13	26 + 12	24 + 13
15 + 24	11 + 28	16 + 23	36 + 22	35 + 24
15 + 34	11 + 38	27 + 21	37 + 22	46 + 33
15 + 44	11 + 48	28 + 31	47 + 32	57 + 32
15 + 54	11 + 68	29 + 41	47 + 42	68 + 21

17 18 18 19 19 28 29 29 37 38 39 39 39 48 49 49 58 59 59 59 59 59 69 70 79 79 79 89 89 89

3

a)	b)	c)	d)	e)
51 + 8	45 + 3	55 + 1	63 + 31	27 + 33
51 + 18	45 + 33	55 + 21	62 + 31	47 + 34
62 + 13	13 + 14	42 + 42	62 + 35	39 + 43

4 a) Bilde Plusaufgaben aus zwei zweistelligen Zahlen.

b) Bilde Plusaufgeben, deren Ergebnis größer als 70 ist.

c) Bilde Plusaufgaben, deren Ergebnis kleiner als 50 ist.

d) Bilde Plusaufgeben, deren Ergebnis genau 68 ist.

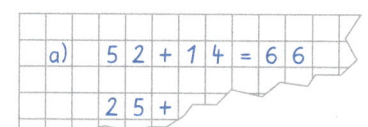

a) | 5 2 + 1 4 = 6 6
    | 2 5 +

5 Setze fort.

starke Päckchen ?

a)
23 + 5
23 + 15
23 + 25
23 + ▢

b)
34 + 3
34 + 13
34 + 23
34 + ▢

c)
86 + 12
76 + 12
66 + 12
56 + ▢

d)
45 + 21
45 + 22
45 + 23
45 + ▢

e)
61 + ▢
62 + ▢
63 + ▢
64 + ▢

f) Welches Päckchen beschreibe ich?
Die erste Zahl wird immer um 10 kleiner.
Die zweite Zahl bleibt immer gleich.
Deshalb wird das Ergebnis immer
um 10 kleiner.

g) Sucht andere Päckchen aus.
Beschreibt sie euch gegenseitig.

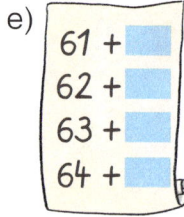

W

6 a) 63 46 **+** 2 4 7   b)  58 34 **+** 10 20 30

5 e) Offene Aufgabe. f) und g) Mündlich lösen.

1 Wie rechnest du?

Vergleicht und besprecht die Rechenwege.

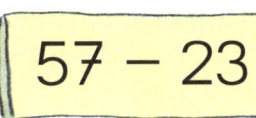
$$57 - 23$$

$57 \xrightarrow{-20} 37 \xrightarrow{-3} 34$

Paul

$57 - 20 = 37$
$37 - 3 = 34$

Alexandra

Mia

$57 - 3 = 54$
$54 - 20 = 34$

Eva

2 Rechne auf deinem Weg.

a)	b)	c)	d)	e)
25 − 4	38 − 2	67 − 5	79 − 8	54 − 8
35 − 14	48 − 12	67 − 25	79 − 28	54 − 28
55 − 14	68 − 12	67 − 45	79 − 48	54 − 29
26 − 24	28 − 23	77 − 16	65 − 33	62 − 38
36 − 24	57 − 23	97 − 26	78 − 24	74 − 49
88 − 24	46 − 23	97 − 46	99 − 46	83 − 55

2 5 12 21 21 22 23 24 25 25 26 28 31 32 34 36 36 41 42 46 51 51 53 54 56 61 62 64 71 71

3
a)	b)	c)	d)	e)
56 − 4	45 − 3	87 − 2	64 − 32	34 − 24
56 − 14	45 − 23	87 − 32	63 − 32	54 − 25
66 − 12	26 − 14	76 − 44	63 − 31	43 − 34

4 a) Bilde Minusaufgaben aus zwei zweistelligen Zahlen.
   b) Bilde Minusaufgaben, deren Ergebnis größer als 60 ist.
   c) Bilde Minusaufgaben, deren Ergebnis kleiner als 40 ist.
   d) Bilde Minusaufgaben, deren Ergebnis genau 35 ist.

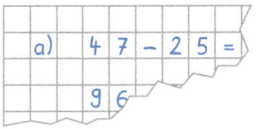

5 Setze fort.

a)	b)	c)	d)	e)
87 − 4	69 − 7	86 − 15	65 − 15	78 − ▢
87 − 14	69 − 17	76 − 15	65 − 14	76 − ▢
87 − 24	69 − 27	66 − 15	65 − 13	74 − ▢
87 − ▢	69 − ▢	56 − ▢	65 − ▢	72 − ▢

f) Welches Päckchen beschreibe ich?
Die erste Zahl bleibt immer gleich.
Die zweite Zahl wird immer um 10 größer.
Deshalb wird das Ergebnis immer
um 10 kleiner.

g) Sucht andere Päckchen aus.
Beschreibt sie euch gegenseitig.

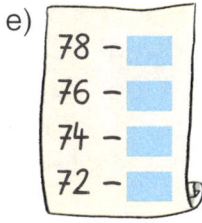

5 a) 73   56   −   2   4   7   b) 68   44   −   10   20   30

4 e) Offene Aufgabe. f) Zwei Möglichkeiten.

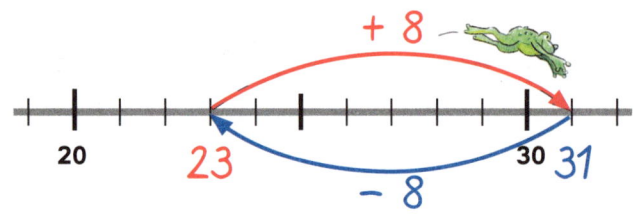

$$23 + 8 = 31$$
$$23 \xrightarrow[-8]{+8} 31 \qquad \textbf{Umkehraufgaben}$$
$$31 - 8 = 23$$

1 a) $52 \xrightleftharpoons[-\ ]{+\ 6} \square$

a)
| | +6 | |
| 5 2 | ⇄ −6 | 5 8 |

b) $78 \xrightleftharpoons[-\ ]{+\ 9} \square$ c) $24 \xrightleftharpoons[-\ ]{+\ 8} \square$ d) $91 \xrightleftharpoons[-\ ]{+\ 3} \square$

e) $44 \xrightleftharpoons[-\ ]{+\ 15} \square$ f) $42 \xrightleftharpoons[-\ ]{+\ 15} \square$ g) $75 \xrightleftharpoons[-\ ]{+\ 21} \square$ h) $32 \xrightleftharpoons[-\ ]{+\ 43} \square$

2 a) $\square \xrightleftharpoons[-\ ]{+\ 9} 22$

a)
| | +9 | |
| 1 3 | ⇄ −9 | 2 2 |

b) $\square \xrightleftharpoons[-\ ]{+\ 4} 52$ c) $\square \xrightleftharpoons[-\ ]{+\ 6} 81$ d) $\square \xrightleftharpoons[-\ ]{+\ 8} 73$

e) $\square \xrightleftharpoons[+\ ]{-\ 5} 68$ f) $\square \xrightleftharpoons[+\ ]{-\ 8} 77$ g) $\square \xrightleftharpoons[+\ ]{-\ 7} 69$ h) $\square \xrightleftharpoons[+\ ]{-\ 4} 56$

3 a) $75 \xrightleftharpoons[-\ ]{+\ \square} 81$

a)
| | +6 | |
| 7 5 | ⇄ −6 | 8 1 |

b) $26 \xrightleftharpoons[-\ ]{+\ \square} 32$ c) $57 \xrightleftharpoons[-\ ]{+\ \square} 61$ d) $49 \xrightleftharpoons[-\ ]{+\ \square} 58$

e) $62 \xrightleftharpoons[+\ ]{-\ \square} 57$ f) $34 \xrightleftharpoons[+\ ]{-\ \square} 28$ g) $75 \xrightleftharpoons[+\ ]{-\ \square} 66$ h) $33 \xrightleftharpoons[+\ ]{-\ \square} 27$

4 Rechne. Prüfe mit der Umkehraufgabe.

a) $53 - 7$

a)
| | −7 | |
| 5 3 | → ←+7 | 4 6 |

$35 - 9$
$82 - 4$

b) $36 + 7$
$91 + 5$
$24 + 6$

c) $24 - 11$
$68 - 42$
$23 - 13$

d) $13 + 25$
$45 + 34$
$73 + 23$

5 Wie viel Geld war es vorher?

a) Zu meinem gesparten Taschengeld habe ich von Oma 9 € dazu bekommen. Jetzt habe ich 25 €.

Ich bekomme das mit der Umkehr-aufgabe heraus.

| | +9€ | |
| □ | ⇄ −9€ | 25 € |

b) Von meinem Geld habe ich 7 € ausgegeben. Jetzt habe ich nur noch 34 €.

6 a) Wenn du von meiner Zahl 34 wegnimmst, bekommst du 65.

b) Nimm von meiner Zahl 14 weg. Nun erhältst du 69.

c) Wenn du zu meiner Zahl 9 dazugibst, bekommst du 55.

Beim Rechnen mit ein- und zwei-stelligen Zahlen...

d) Erfinde eigene Zahlenrätsel.

1 a)

Das ist eine Seite

Hokus Pokus! Rechne die drei Zahlen einer Seite zusammen. Was fällt dir auf?

2 + 6 + 1 =
2 + 4 + 3 =
1 + 5 + 3 =

b) Berechne auch hier die Zauberzahl.

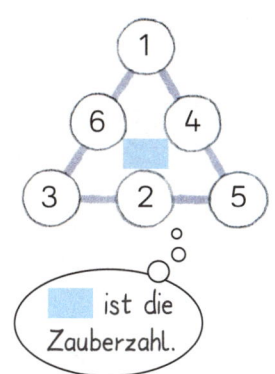

☐ ist die Zauberzahl.

2 Finde die Zauberzahl.

a)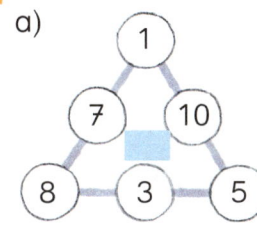

b)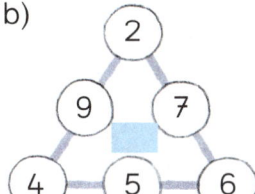

c)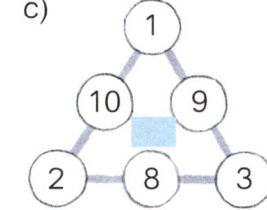

d)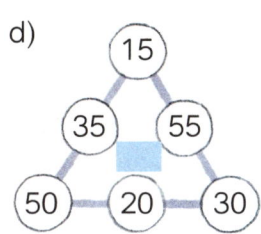

3 Zeichne selbst Zauberdreiecke und ergänze die fehlenden Zahlen richtig.

 Rechen-konferenz

a)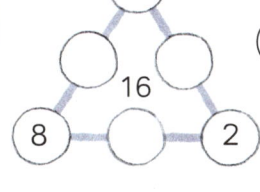

 5 3
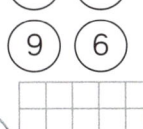 9 6

b)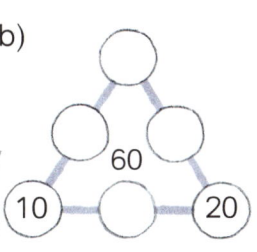

0
30
40
50

c) 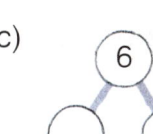 6

8
11
7
9

Vergleicht und besprecht, wie ihr vorgegangen seid.

4

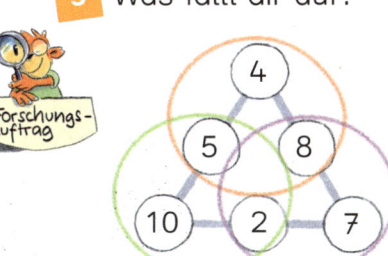 Forschungs-auftrag

Was passiert mit der Zauberzahl, wenn du
a) jede Zahl um 1 vergrößerst?
b) jede Zahl um 2 vergrößerst?
c) jede Zahl um 3 verkleinerst?
d) jede Zahl verdoppelst?   Erfinde eigene Zauberdreiecke.

5 Was fällt dir auf?

Forschungs-auftrag

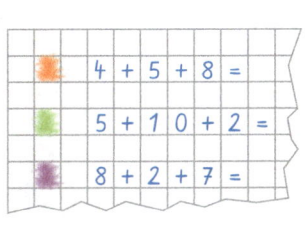

4 + 5 + 8 =
5 + 10 + 2 =
8 + 2 + 7 =

Prüfe auch bei diesen Zauberdreiecken.

a)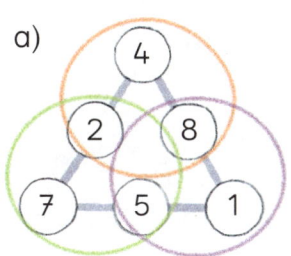

b)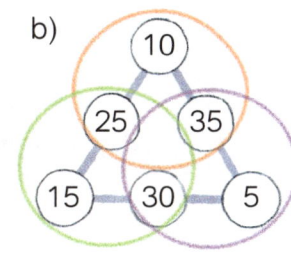

4 und 5 Forscherheft verwenden.

1 Dieses Flugzeug ist einfach zu falten. Du brauchst dazu ein rechteckiges Blatt Papier.

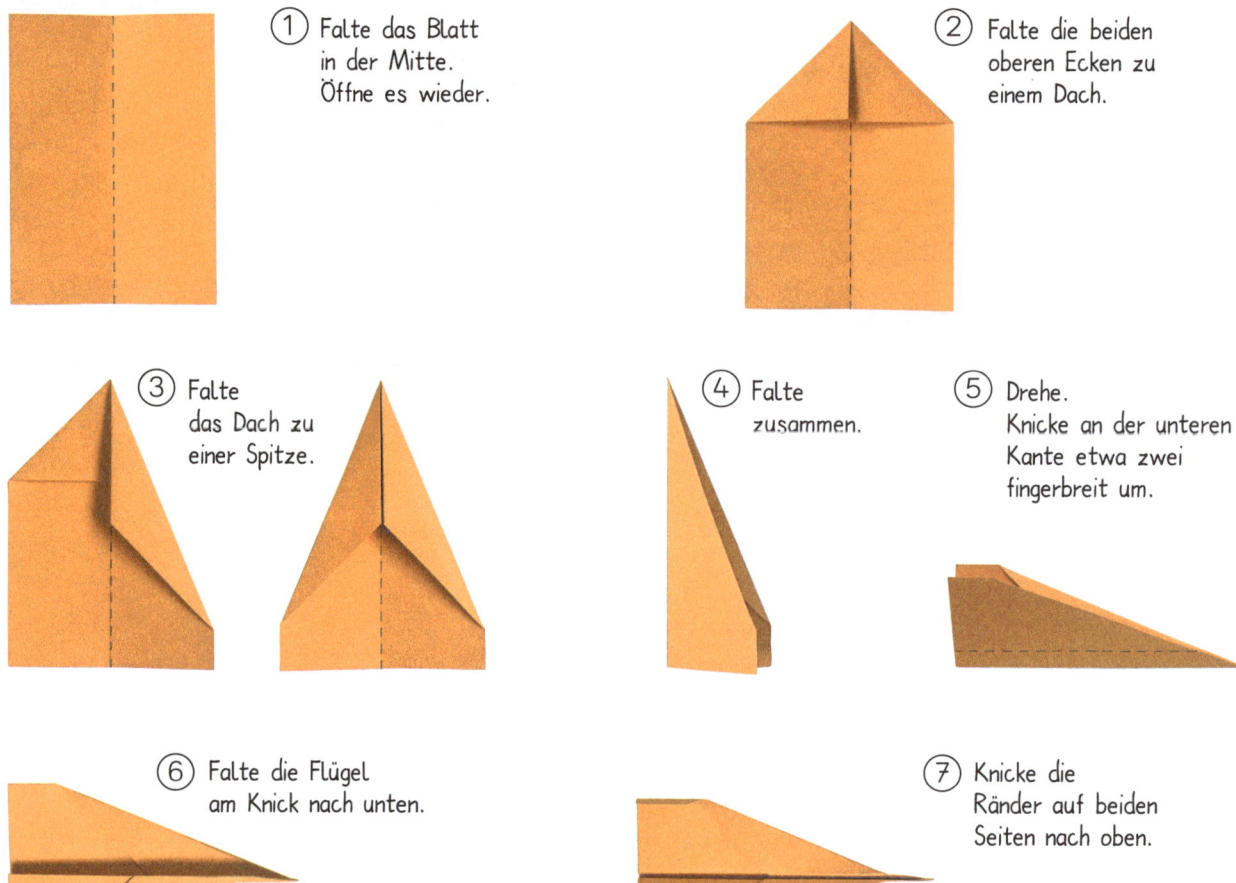

① Falte das Blatt in der Mitte. Öffne es wieder.

② Falte die beiden oberen Ecken zu einem Dach.

③ Falte das Dach zu einer Spitze.

④ Falte zusammen.

⑤ Drehe. Knicke an der unteren Kante etwa zwei fingerbreit um.

⑥ Falte die Flügel am Knick nach unten.

⑦ Knicke die Ränder auf beiden Seiten nach oben.

Teste deinen Flieger. Wie weit fliegt er?

Betrachte die Faltanleitung noch einmal ganz genau. Schließe das Buch.
Falte aus dem Gedächtnis nach und beschreibe, wo das für dich schwierig war.

2 Kannst du Flugzeuge und Schiffe falten? Beschreibe.

1
a)

30	
28	
27	
26	

b)

60	
	2
	4
	6

c)

90	

d)

70		
60	2	
	4	60
4	6	

e)

80	
70	
	5	
14	

2
a) 35 + 7   b) 91 – 3   c) 76 – 9   d) 16 – 7   e) 28 + 7
28 + 4   24 – 8   59 + 6   23 + 8   35 – 7
87 + 9   62 – 4   45 – 7   90 – 9   43 – 6
76 + 6   53 – 5   87 + 5   65 + 6   37 + 6

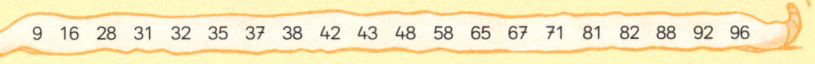
9 16 28 31 32 35 37 38 42 43 48 58 65 67 71 81 82 88 92 96

3
a) 52 + 30   b) 36 + 20   c) 84 + 10   d) 48 – 40   e) 53 – 40
52 – 30   36 – 20   84 – 10   48 + 40   53 + 40

f) 46 + 10   g) 79 + 20   h) 47 + 30   i) 53 + 20   j) 65 + 20
46 – 10   79 – 20   47 – 30   53 – 20   65 – 20

8 13 16 17 22 33 36 45 56 56 59 73 74 77 82 85 88 93 94 99

4
a) 41 + 23   b) 62 + 35   c) 76 – 31   d) 94 – 73   e) 88 – 77
34 + 13   16 + 71   86 – 14   87 – 35   99 – 33

f) Bilde Plusaufgaben, deren Ergebnis größer als 70 ist.

g) Bilde Minusaufgaben, deren Ergebnis kleiner als 20 ist.

5 Vergleiche. > < =
a) 26 + 4 ◯ 30   b) 46 – 6 ◯ 38   c) 53 ◯ 45 + 7   d) 29 ◯ 33 – 3
26 + 5 ◯ 30   45 – 7 ◯ 38   83 ◯ 76 + 9   58 ◯ 71 – 8
26 + 0 ◯ 30   45 – 5 ◯ 38   44 ◯ 44 + 0   86 ◯ 93 – 7
26 + 2 ◯ 30   45 – 0 ◯ 38   67 ◯ 60 + 3   77 ◯ 86 – 9

6 Welche Zahlen passen?
a) 25 + ◻ < 32

0	1	2	3	4
5	6	7	8	9

a)	0	1	2

b) 47 + ◻ < 51

0	2	4	6
8	10	20	30

c) 36 + ◻ = 53

0	1	2	3	4
5	6	7	8	9

d) 65 – ◻ > 58

0	1	2	3
4	5	6	7

e) 82 – ◻ > 76

2	5	7	9
10	20	30	40

f) 54 – ◻ = 49

3	4	5	6
7	8	9	10

Wie gut kann ich das?

3 Ergebnisse der Aufgabenpaare vergleichen.

6 c) Hat keine Lösung.

1

a) Welche Geldscheine siehst du?

b) Welche Münzen siehst du?

c) Wie viele 50-ct-Stücke sind es?

d) Wie viele 50-€-Scheine sind es?

e) Wie viele 2-€-Stücke sind es?

f) Wie viele 100-€-Scheine sind es?

2 Geld zählt jeder anders. Vergleicht und besprecht.

3 Wie viel Geld ist es?

a) b) c) d)

| a) | 2 | 0 | € | + | 1 | 0 | € | + | 5 | € | + | 1 | € | = |

e) f) g) h)

4 Welche Kinder haben gleich viel Geld?

Rica   Lars   Paul   Jan   Anna

Lotta verkauft auf
dem Schulbasar.

ein Band
45 ct

jedes Armband
30 ct

ein Stein
20 ct

jedes Kastanientier
20 ct

ein Glas
70 ct

ein Anhänger
35 ct

eine Karte
50 ct

jedes Lesezeichen
20 ct

1 Wie viel kostet es jeweils?

a)

a) $70 \, ct + 20 \, ct =$

b)

c)

d)

e)

f)

g)

h)

i)

2 Was würdest du kaufen? Schreibe oder male.

a) Du hast 50 ct.
b) Du hast 70 ct.
c) Du hast 80 ct.

d) Du hast 95 ct.
e) Du hast 85 ct.
f) Du hast 1 € 20 ct.

3 Lege und zeichne.

a) 10 € mit 2 Scheinen
b) 5 € mit 3 Münzen
c) 50 ct mit 4 Münzen

d) 10 ct mit 5 Münzen
e) 6 € mit 3 Münzen
f) 50 € mit 4 Scheinen

4 Wie viele Münzen brauchst du mindestens? Lege und zeichne.

a) für 15 ct   b) für 38 ct   c) für 59 ct   d) für 2 € 20 ct   e) für 3 € 80 ct

5 Wie viele Scheine und Münzen brauchst du mindestens? Lege und zeichne.

a) 40 €   b) 53 €   c) 27 €   d) 95 €   e) 88 €

6 Wie viel Geld kann das sein?

Zum Knobeln
a) vier gleiche Münzen   b) vier verschiedene Münzen   c) drei Scheine

Beim Rechnen
mit Euro
und Cent...

3 Wo möglich, verschiedene Lösungen suchen.

1 Welche Frage passt zur Rechengeschichte?

a) Für den Zoobesuch hat Simon 10 €. Er bezahlt davon den Eintritt.

ZOO – EINTRITT	
Erwachsene	12 €
Kinder	6 €
Lageplan	2 €
Zoobuch	4 €

A Wie viele Affen sind im Zoo?

B Wann öffnet und wann schließt der Zoo?

C Wie viel Geld bleibt ihm übrig?

b) Lea besucht mit ihrem Vater den Zoo. Sie kaufen auch einen Lageplan.

A Wie viel Geld haben sie dabei?

B Wie viel müssen sie für Eintritt und Lageplan bezahlen?

C Wie viele Besucher sind im Zoo?

c) Toni und seine Schwester besuchen den Zoo. Sie kaufen ein Zoobuch.

A Wie lange ist der Zoo geöffnet?

B Wie viel müssen sie an der Kasse bezahlen?

C Wie viele Seiten hat das Zoobuch?

d) Jana hat noch 10 €. Sie möchte drei Zoobücher kaufen.

A Wie viel Geld hat Janas Freundin?

B Wie viel kostet der Eintritt?

C Reicht das Geld?

e) Furkan und seine Eltern gehen in den Zoo.

A Wann gehen sie in den Zoo?

B Reicht das Geld?

C Wie viel müssen sie bezahlen?

2 Welche Frage passt zur Rechengeschichte?
Die Klassen 2a und 2b sind zur Fütterung der Seelöwen angemeldet. Sie sind schon um 10 Uhr dort.

Fütterung der Seelöwen

um 11 Uhr
und
um 14 Uhr

A Wie viele Erwachsene schauen zu?

B Wie lange müssen sie noch warten?

C Wie lange dauert die Fütterung?

3 Schreibe immer eine passende Frage, löse die Aufgabe und antworte.

a) Nina geht mit ihrer Oma und ihrem Opa in den Zoo.

b) Für die Flugschau der Greifvögel haben sich 13 Mädchen, zehn Jungen und vier Begleitpersonen angemeldet.

c) Nele hat noch 21 €. Sie kauft einen Lageplan.

d) Jonas geht mit seinen vier Freunden in den Zoo.

1 und **2** Passende Frage auswählen, Rechnung und Antwort im Heft notieren.

4 Welche Rechengeschichte passt zur Aufgabe?
Rechne und schreibe die Antwort.

a)

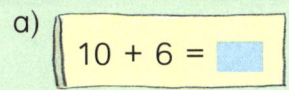 10 + 6 = ▢

B 10 Affen sind im Gehege.
Davon sind 2 Affenbabys.

A Im Affengehege sind 10 Affen.
Im Affenhaus sind noch
6 weitere Affen.

C Von den 10 Affen
im Gehege sind
6 ins Affenhaus
gerannt.

b)

4 € + 8 € = ▢ €

A 4 Kinder gehen in den Zoo.
Sie müssen 8 € bezahlen.

B Der Eintritt für 4 Erwachsene
kostet 8 €.

C Emmi kauft ein Zoobuch für
4 € und Tierkarten für 8 €.

D Ein Zoobuch kostet 4 €. Die Kinder
kaufen 8 Bücher für die Schule.

5 Welches Bild passt zur Rechengeschichte? Rechne und antworte.

a) Im Streichelzoo zählt Lennart sechs Enten.
Wie viele Entenbeine sind es?

b) Im Streichelzoo gibt es drei Ziegen.
Wie viele Beine haben die Ziegen?

Leon / Tine / Toni

Tom / Maria / Ramon

c) In einem Gehege sind 3 Hühner und
2 Kaninchen. Wie viele Beine
haben sie zusammen?

d) Im Gehege der Lamas gibt es auch
Strauße. Alle Tiere haben zusammen
12 Beine. Wie viele Lamas sind es?

Tobias / Kathrin

Yasin / Celine

6 Setze die Rechengeschichten der Kinder fort.

Antonia
Im Gehege bei den 8 Hühnern
waren noch

Alina
Bei den Insekten habe ich
vier Spinnen und

Juri
In einem Käfig waren 30
Tierbeine

1

Gleichung

$$27 + \boxed{} = 30$$

Ungleichung — kleiner als

$$27 + \boxed{} < 30$$

0 1 2 3 4 5

Probiert aus, welche Zahlen passen.
Was fällt euch auf?

2 a) $26 + \boxed{} = 30$
$26 + \boxed{} < 30$

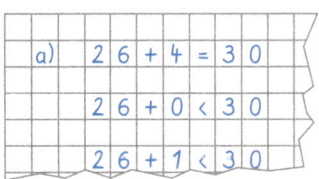
a) $26 + 4 = 30$
$26 + 0 < 30$
$26 + 1 < 30$

b) $48 + \boxed{} = 50$
$48 + \boxed{} < 50$

c) $67 + \boxed{} = 70$
$67 + \boxed{} < 70$

3 a) $70 + \boxed{} < 72$ b) $29 + \boxed{} < 30$ c) $75 + \boxed{} < 81$ d) $30 + \boxed{} < 30$

e) $20 + \boxed{} < 23$ f) $36 + \boxed{} < 40$ g) $33 + \boxed{} < 39$ h) $71 + \boxed{} < 74$

🐝 i) $30 + \boxed{} < 35$ 🐝 j) $58 + \boxed{} < 58$ 🐝 k) $74 + \boxed{} < 75$ 🐝 l) $92 + \boxed{} < 100$

4

Gleichung

$$45 - \boxed{} = 40$$

Ungleichung — größer als

$$45 - \boxed{} > 40$$

0 1 2 3 4 5 6

Probiert aus, welche Zahlen passen.
Was fällt euch auf?

5 a) $52 - \boxed{} = 50$ b) $43 - \boxed{} = 40$ c) $85 - \boxed{} = 82$ d) $92 - \boxed{} = 90$

$52 - \boxed{} > 50$ $43 - \boxed{} > 40$ $85 - \boxed{} > 82$ $92 - \boxed{} > 90$

6 a) $24 - \boxed{} > 21$ b) $54 - \boxed{} > 50$ c) $39 - \boxed{} > 38$

d) $67 - \boxed{} > 66$ e) $89 - \boxed{} > 90$ f) $40 - \boxed{} > 41$

🐝 g) $55 - \boxed{} > 54$ 🐝 h) $35 - \boxed{} > 30$ 🐝 i) $67 - \boxed{} > 66$

Zwei Aufgaben sind nicht lösbar.

7 Vergleiche.

a) $\boxed{36 + 7}$ 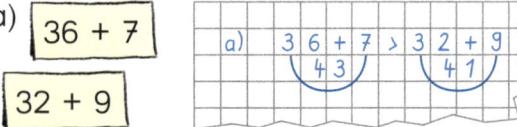 a) $36 + 7 > 32 + 9$
$43 \qquad 41$

$\boxed{32 + 9}$

b) $\boxed{75 + 6}$ c) $\boxed{47 + 3}$ d) $\boxed{69 + 3}$

$\boxed{82 + 3}$ $\boxed{42 + 8}$ $\boxed{70 + 2}$

e) $\boxed{53 - 5}$ f) $\boxed{96 - 8}$ g) $\boxed{41 - 4}$ h) $\boxed{68 - 9}$ i) $\boxed{84 - 5}$ j) $\boxed{58 + 4}$

$\boxed{57 - 7}$ $\boxed{94 - 9}$ $\boxed{43 - 6}$ $\boxed{62 - 3}$ $\boxed{83 - 7}$ $\boxed{53 + 9}$

3 Zwei Aufgaben sind nicht lösbar.

1

5 | 10 | 15 | 20 | ⬛ | 30 | 35 | ⬛ | ⬛ | ⬛ | ⬛

Welche Zahlen fehlen hier?

| 5 | 1 0 | 1 5 | 2 0 | 2 5 | | |

Ich rechne immer plus 5. Ich schreibe das Ergebnis und rechne damit weiter.

2 Wie geht es weiter?

a) 0, 10, 20, 30, 40, ... 80

b) 0, 2, 4, 6, ... 14

c) 0, 11, 22, 33, ... 77

d) 0, 7, 14, 21, 28, ... 56

e) 10, 21, 32, 43, ... 87

f) 40, 48, 56, 64, ... 96

g) 0, 9, 18, 27, 36, ... 72

h) 56, 60, 64, 68, ... 84

i) 72, 74, 76, 78, ... 86

3 Findet zu jeder Regel eine Zahlenfolge. Wählt eine Startzahl. Schreibt immer 5 Zahlen.

a) | immer + 2 | | a) | 1 8 | 2 0 | 2 2 | | |

b) | immer + 5 |

c) | immer + 10 |

d) | immer + 3 |

e) | immer + 4 |

🐬 f) | immer + 9 |

🐬 g) | immer + 6 |

4

100 | 90 | 80 | 70 | ⬛ | 50 | 40 | ⬛ | ⬛

Ich rechne immer minus 10. Ich schreibe das Ergebnis und rechne damit weiter.

Welche Zahlen fehlen hier?

5 Wie geht es weiter?

a) 100, 95, 90, 85, ... 65

b) 91, 81, 71, 61, ... 21

c) 52, 50, 48, 46, ... 38

d) 78, 75, 72, 69, ... 57

e) 54, 50, 46, 42, ... 26

f) 36, 33, 30, 27, ... 15

g) 99, 97, 95, 93, ... 85

h) 75, 65, 55, 45, ... 5

🐬 i) 100, 88, 76, 64, ... 16

6 Findet zu jeder Regel eine Zahlenfolge. Wählt eine Startzahl. Schreibt immer 5 Zahlen.

a) | immer − 2 | | a) | 2 2 | 2 0 | 1 8 | | |

b) | immer − 5 |

c) | immer − 10 |

d) | immer − 3 |

e) | immer − 4 |

🐬 f) | immer − 9 |

🐬 g) | immer − 6 |

7 Welche Zahlen bilden eine Zahlenfolge? Entscheide. ☺ ☹
Schreibe bei den Zahlenfolgen auch die Regel.

a) 100, 85, 70, 55 | a) | ☺ immer | − 1 5 | |

b) 4, 9, 14, 20

c) 13, 24, 26, 36

d) 26, 23, 20, 17

e) 100, 90, 80, 70

f) 24, 36, 37, 50

Bei Gleichungen und Zahlenfolgen...

1

A Schuhkarton

B Milchtüte

C Spielwürfel

D Laterne

E Fußball

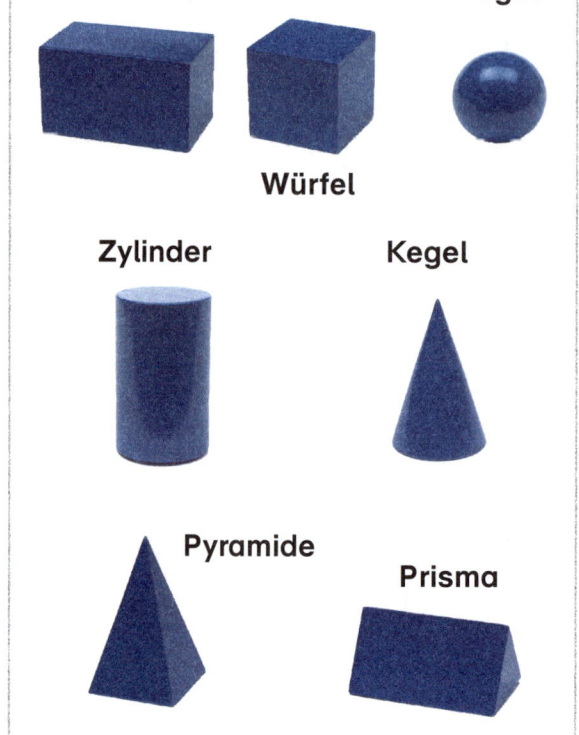

Quader **Kugel**

Würfel

Zylinder **Kegel**

Pyramide **Prisma**

F Zelt

G Kerze

H Zettelblock

I Computer

J Schrank

a) Beschreibt die Gegenstände und ordnet sie zu.

b) Legt eine Tabelle an.

b)	Quader	Würfel	Kugel
	A		

K Kirchturmdach

L Dach

M Torte

N Schultüte

O Zahncreme

P Eistüte

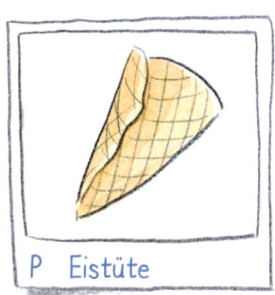

1 Gegenstände aus der Umwelt ihren geometrischen Körperformen zuordnen.
Der Würfel ist auch ein Quader.

2 Baue die Körper mit Knetmasse nach.

3 Zähle beim Würfel und beim Quader die Ecken, Kanten und Seitenflächen und vergleiche.

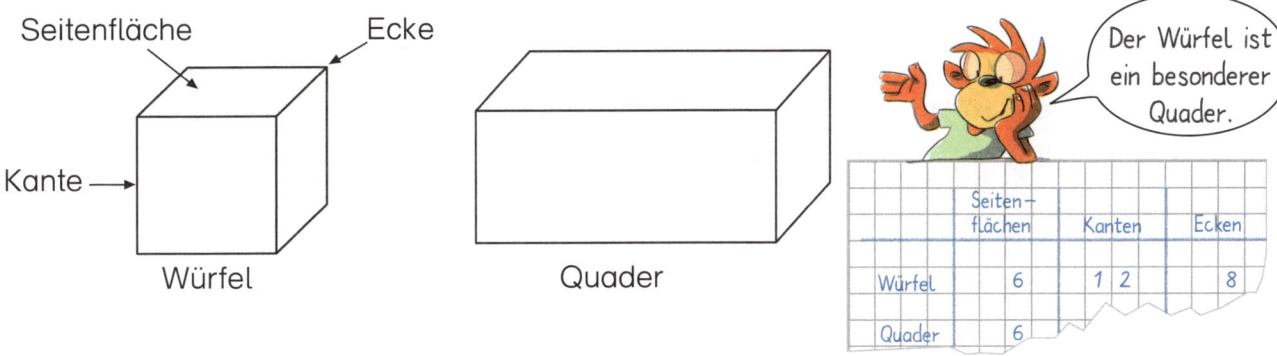

Seitenfläche   Ecke

Kante →

Würfel

Quader

Der Würfel ist ein besonderer Quader.

	Seiten-flächen	Kanten	Ecken
Würfel	6	1 2	8
Quader	6		

4 Umfahre alle Seitenflächen eines Würfels und eines Quaders mit einem Finger. Beschreibe.

	alle Kanten gleich lang	Seitenflächen
Würfel	ja	6 Quadrate
Quader		

5

Turm 1   Turm 2   Turm 3

a) Tragt die Anzahl der verschiedenen Bausteine in eine Tabelle ein.

	Turm 1	Turm 2	Turm 3
Würfel	4		
Quader			
Zylinder			
Kegel			
Prisma			
Pyramide			
Kugel			

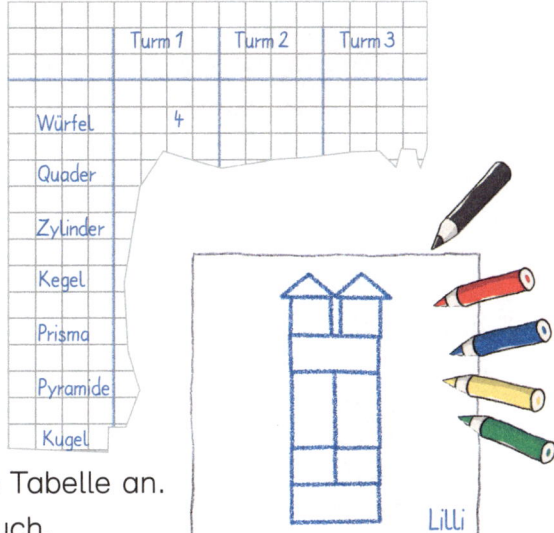

Lilli

b) Baut selbst Türme. Beschreibt sie und legt eine Tabelle an.
c) Lilli hat Turm 1 von vorn gezeichnet. Probiert auch.

6 Welche Körper rollen, welche kippen? Vermute und überprüfe. Trage dann in einer Tabelle ein.

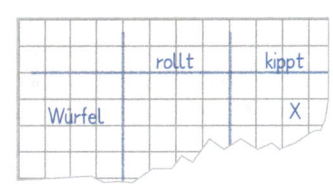

	rollt	kippt
Würfel		X

1 Welches Kind hat welches Foto gemacht?

| A | Florian |
| B | |

2 Baue nach.
Prüfe, von welcher Seite
die Ansichten dargestellt sind.

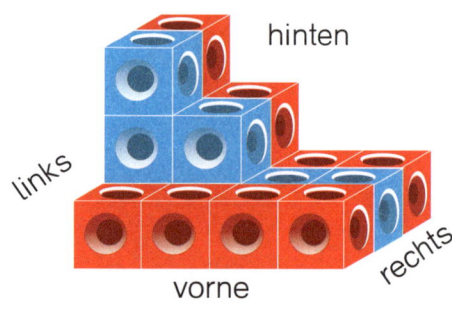

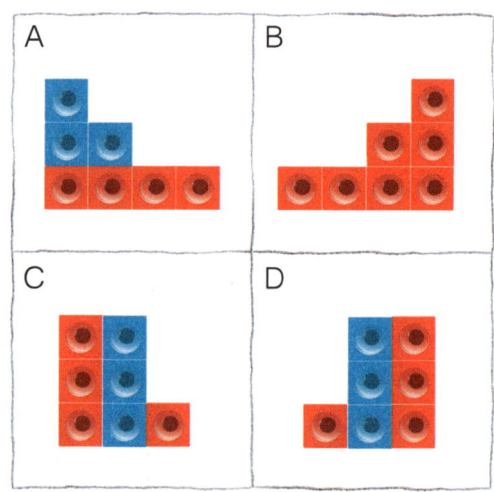

| A | von vorne |
| B | von |

3 Baue und zeichne zwei Ansichten.

a)

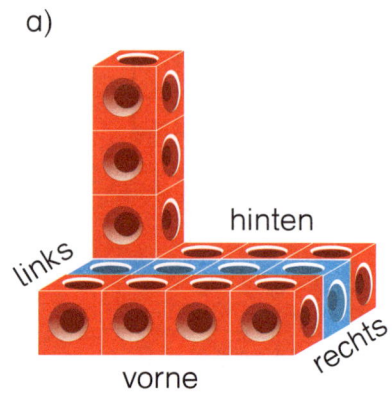

b)

c)

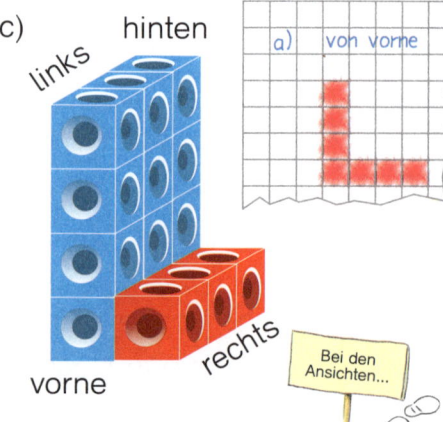

| a) | von vorne |

Bei den
Ansichten...

2 und **3** Farbe der Steckwürfel beachten.

1 Wie viele Steckwürfel braucht ihr jeweils? Baut und rechnet.

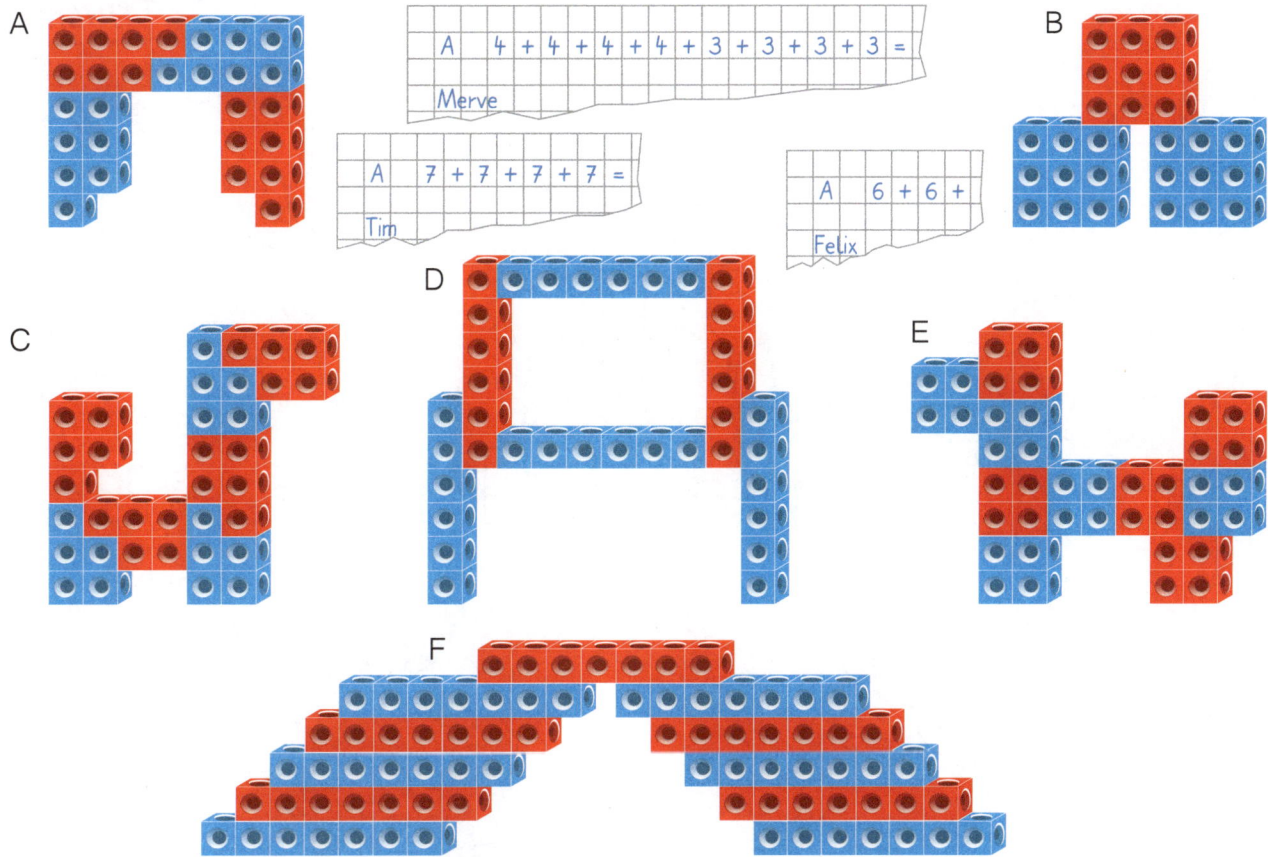

A   4 + 4 + 4 + 4 + 3 + 3 + 3 + 3 =
Merve

A   7 + 7 + 7 + 7 =
Tim

A   6 + 6 +
Felix

2 Baut eigene Figuren. Schreibt dazu Plusaufgaben.

3 a) Baut und rechnet. Setzt das Muster fort.

1. Figur   2. Figur   3. Figur   4. Figur

b) Aus wie vielen Steckwürfeln besteht die 8. Figur?

4 Wie viele Steckwürfel braucht ihr jeweils?

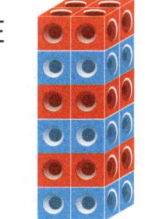

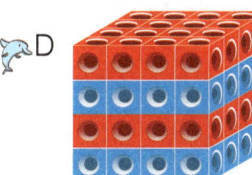

A   B   C   E   D

5 Könnt ihr einen großen Würfel bauen? Probiert aus und erklärt.
a) Nehmt 25 Steckwürfel.   b) Nehmt 27 Steckwürfel.   c) Nehmt 32 Steckwürfel.

Beim Bauen und Rechnen...

Zum Bild erzählen.

1 a) Wo findest du die Rechengeschichten im Bild? Eine Geschichte passt nicht.

A Am Ende der Vorführung jongliert jedes der Kinder sogar mit 5 Tüchern. Wie viele Tücher brauchen sie?

B Tom hat schon 20 Beutel Popcorn verkauft. Wie viele Beutel hatte er?

C Die Stuhlkreis-Manege soll 30 Plätze haben. Wie viele Stühle müssen die Kinder noch holen?

D Annika kauft zwei Wasser und einen Saft. Sie bezahlt mit einem 10-€-Schein. Wie viel bekommt sie heraus?

E Beim Kinderzirkus machen 24 Kinder mit. Die meisten sind 8 Jahre alt und in der 2. Klasse. Wie viele Kinder sind in der 1. Klasse?

F Marie holt Karten für sich, ihre Schwester und ihre Eltern. Wie viel muss sie bezahlen?

b) Löse die Aufgaben und schreibe immer die Antwort.

2 Entscheidet, wie ihr rechnen müsst. Löst dann die Aufgaben und schreibt die Antwort.

A 10 Häschen werden noch zur Ausstellung gebracht. Wie viel Häschen sind es dann?

B Frau Beutel verkauft von den fertigen Wurst-semmeln vier Stück. Wie viele sind noch übrig?

C An der Kasse werden 2 Programme und 2 Karten für Erwachsene verkauft.

D Die Clowns haben 10 Musikinstrumente. Wie viele sind noch im Koffer?

E Annika hatte 25 Becher für die Getränke. Wie viele Getränke hat sie schon verkauft?

F Die Kinder haben 85 Programmhefte geschrieben. 50 sind schon verkauft.

3  Erfinde Rechengeschichten zum Zirkus. Die Bilder können dir dabei helfen.

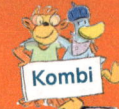

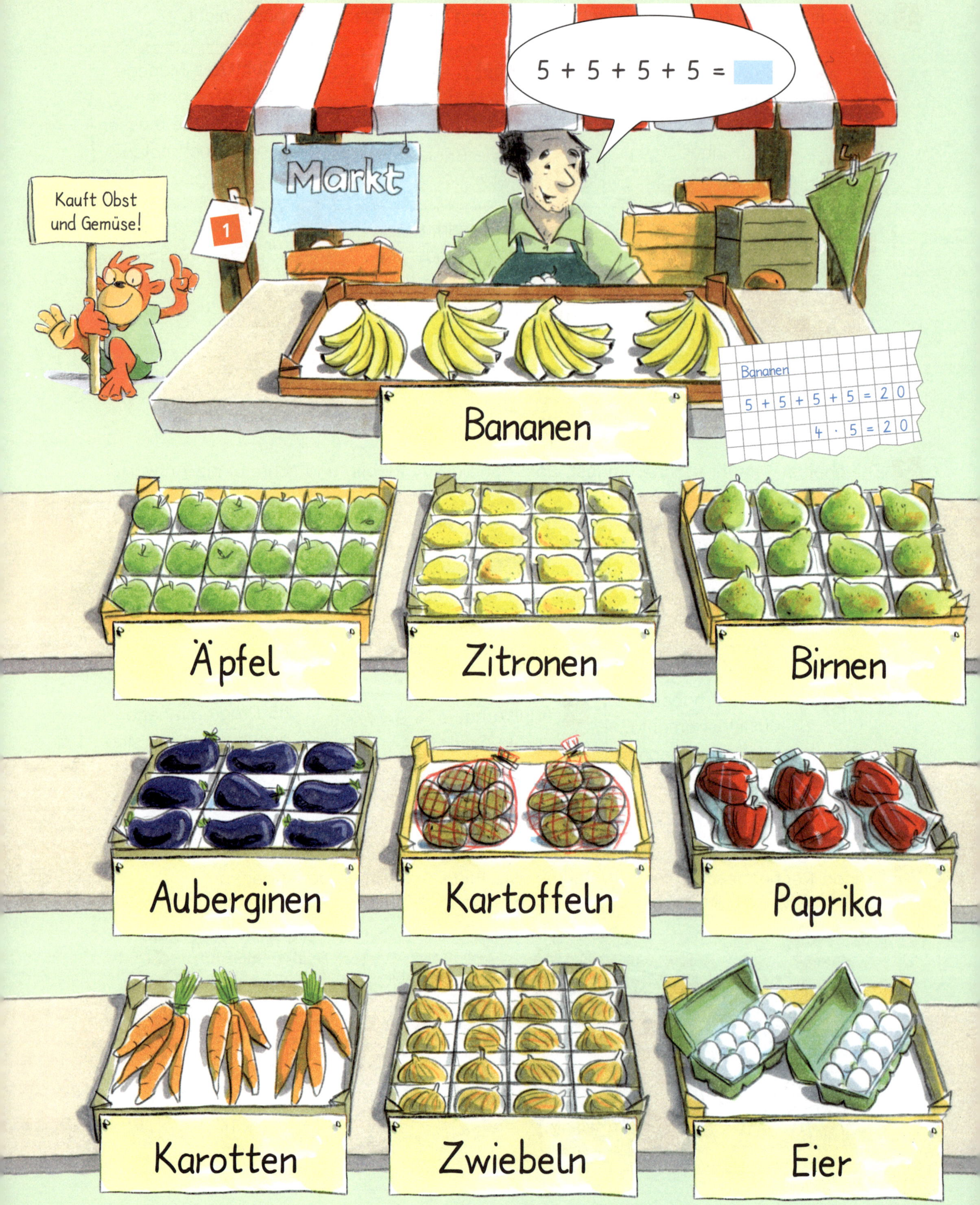
5 + 5 + 5 + 5 =
Markt
Kauft Obst und Gemüse!
1
Bananen
Bananen
5 + 5 + 5 + 5 = 20
4 · 5 = 20
Äpfel
Zitronen
Birnen
Auberginen
Kartoffeln
Paprika
Karotten
Zwiebeln
Eier

1 Zu den Bildern erzählen.

3 Male ins Heft und rechne.

1 Einkauf für das Klassenfest. Schreibe die Plusaufgabe und die Malaufgabe.

a)

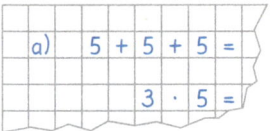

a)　5 + 5 + 5 =

　　　3 · 5 =

b)

c)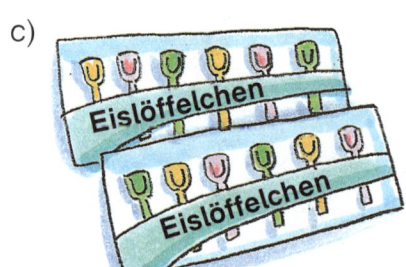

d)

e)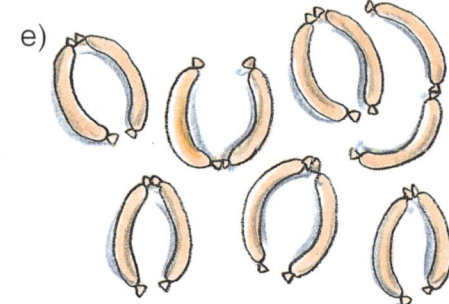

2 Schreibe zu jedem Punktefeld eine Plusaufgabe und eine Malaufgabe.

a)

a)　7 + 7 =

　　　2 · 7 =

b)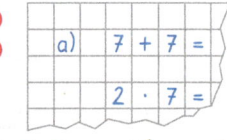

c)

d)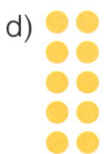

e)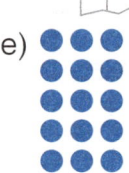

f)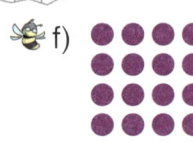

g)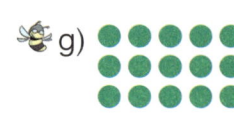

h)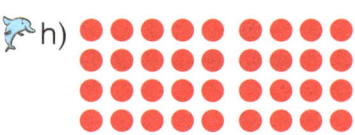

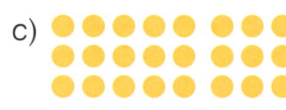

3 Zeichne Punktefelder und rechne.

a) 3 · 7　　　b) 2 · 8　　　c) 6 · 3　　　d) 6 · 4

e) 4 · 5　　　f) 4 · 6　　　g) 4 · 7　　　h) 8 · 3

16　18　20　21　24　24　24　28

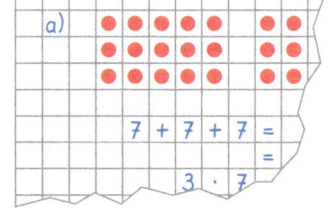

a)

7 + 7 + 7 =

　　　　　=

3 · 7 =

4 Wie heißt die Plusaufgabe? Gibt es zu ihr auch eine Malaufgabe?

a)

b)

c)

5 Schreibe zu jeder Plusaufgabe, wenn möglich, eine Malaufgabe.

a) 9 + 9 + 9 + 9 + 9　　　b) 5 + 5 + 5 + 5 + 4　　　c) 3 + 3 + 3 + 3 + 3 + 3

d) 6 + 6 + 6　　　e) 10 + 10　　　f) 4 + 2 + 2 + 2

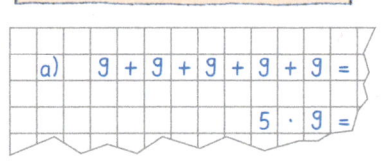

a)　9 + 9 + 9 + 9 + 9 =

　　　5 · 9 =

1

Warum sind die Ergebnisse gleich?

2 Male und kreise ein. Rechne Aufgabe und Tauschaufgabe.

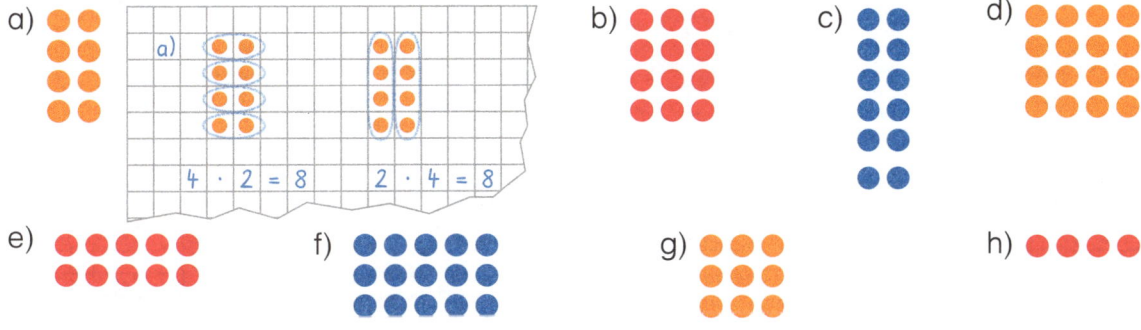

a)

$4 \cdot 2 = 8$ $2 \cdot 4 = 8$

b) c) d)

e) f) g) h)

3 Schreibe und rechne Aufgabe und Tauschaufgabe.

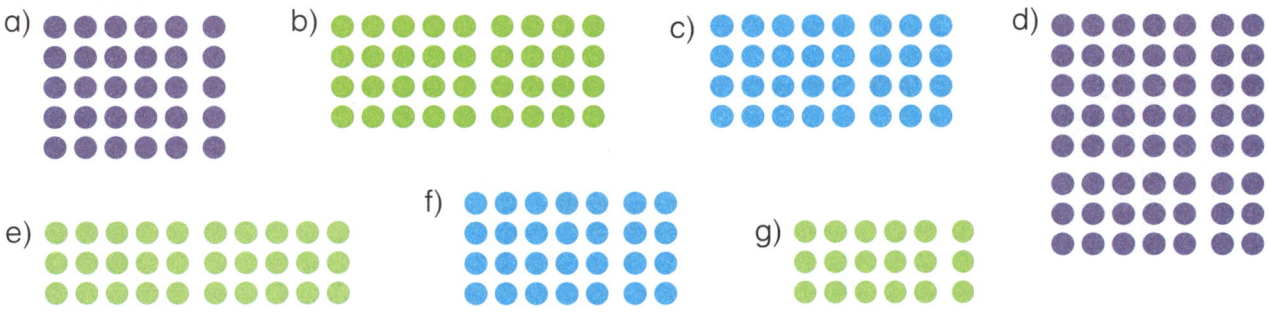

a) b) c) d)

e) f) g)

4 Zeichne Punktefelder. Schreibe und rechne Aufgabe und Tauschaufgabe.

a) $3 \cdot 6$ b) $8 \cdot 2$ c) $5 \cdot 4$ d) $5 \cdot 1$ e) $3 \cdot 5$

f) $7 \cdot 3$ g) $4 \cdot 7$ h) $6 \cdot 4$ i) $6 \cdot 9$ j) $9 \cdot 4$

W

5 Finde zu jeder Regel eine Zahlenfolge. Wähle eine Startzahl. Schreibe immer 5 Zahlen.

a) immer + 7   b) immer – 2   c) immer + 11   d) immer – 5   e) immer + 20

6     Startzahl 5   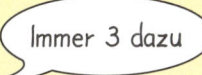 Immer 3 dazu   5 8 11 14 17

1 Tauschaufgaben thematisieren. Unterschiedliche Sichtweisen besprechen.

1

5 Reihen, in jeder 7 Kästchen.

5 · 7

7 + 7 + 7 + 7 + 7   Lars

5 + 5 + 5 + 5 + 5 + 5 + 5   Lilli

7 · 5   Dan

7 14 21 28 35   Paul

2 Zeige am Hunderterfeld und schreibe die Malaufgabe.

a)   b)   c)   d)

a) 4 · 5 =

e)   f)   g)   h)

3 Zeige am Hunderterfeld. Schreibe Aufgabe und Tauschaufgabe.

a)

a) 6 · 2
   2 · 6

Ich sehe 2 Aufgaben.

b)   c)

d)   e)   f)   g)

4 Zeige am Hunderterfeld. Schreibe Aufgabe und Tauschaufgabe.

a) 2 · 3   b) 2 · 5   c) 2 · 10   d) 3 · 6   e) 2 · 6   f) 1 · 9

g) 2 · 8   h) 7 · 5   i) 4 · 3   j) 8 · 3   k) 10 · 1   l) 2 · 7

1

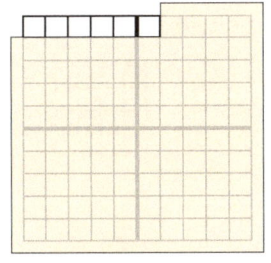

$1 \cdot 6$

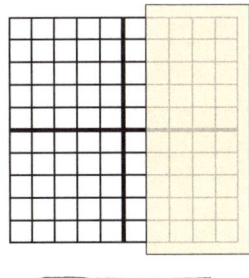

$\boxed{} \cdot 6$

das Zehnfache

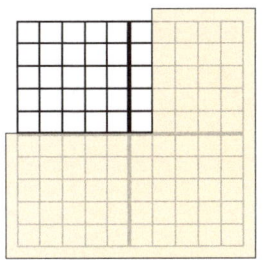

$\boxed{} \cdot 6$

das Fünffache

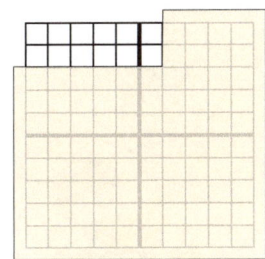

$\boxed{} \cdot 6$

das Doppelte

$1 \cdot 6 = \boxed{}$
$2 \cdot 6 = \boxed{}$
$10 \cdot 6 = \boxed{}$
$5 \cdot 6 = \boxed{}$

Das sind die Kernaufgaben. Sie helfen beim Lösen von anderen Malaufgaben.

2 Zeige am Hunderterfeld und rechne.

a) $1 \cdot 1$	b) $1 \cdot 2$	c) $1 \cdot 3$	d) $1 \cdot 4$	e) $1 \cdot 5$	f) $1 \cdot 8$	g) $1 \cdot 9$
$2 \cdot 1$	$2 \cdot 2$	$2 \cdot 3$	$2 \cdot 4$	$2 \cdot 5$	$2 \cdot 8$	$2 \cdot 9$

3

a) $1 \cdot 1$	b) $1 \cdot 10$	c) $1 \cdot 7$	d) $1 \cdot 3$	e) $1 \cdot 5$	f) $1 \cdot 2$	g) $1 \cdot 9$
$10 \cdot 1$	$10 \cdot 10$	$10 \cdot 7$	$10 \cdot 3$	$10 \cdot 5$	$10 \cdot 2$	$10 \cdot 9$

4

a) $10 \cdot 1$	b) $10 \cdot 4$	c) $10 \cdot 10$	d) $10 \cdot 2$	e) $10 \cdot 8$	f) $10 \cdot 5$	g) $10 \cdot 3$
$5 \cdot 1$	$5 \cdot 4$	$5 \cdot 10$	$5 \cdot 2$	$5 \cdot 8$	$5 \cdot 5$	$5 \cdot 3$

5 a)

$1 \cdot 2 = \boxed{}$
$2 \cdot 2 = \boxed{}$
$10 \cdot 2 = \boxed{}$
$5 \cdot 2 = \boxed{}$

b)

$1 \cdot 3 = \boxed{}$
$2 \cdot 3 = \boxed{}$
$10 \cdot 3 = \boxed{}$
$5 \cdot 3 = \boxed{}$

c) Schreibe Kernaufgaben mit den Zahlen 4, 5, 6, 7, 8 und 9.

c) $1 \cdot 4 = 4$
$2 \cdot 4 =$
$10 \cdot 4 =$

6 Die Kernaufgabe kann dir helfen.

a) $3 \cdot 4$ b) $6 \cdot 4$ c) $4 \cdot 6$ d) $4 \cdot 9$ e) $9 \cdot 6$

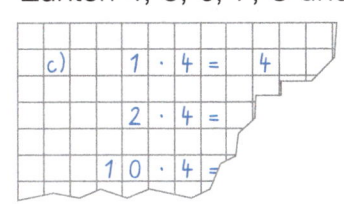

a) $2 \cdot 4 = 8$
$3 \cdot 4 =$

1 Welche Aufgaben sind dargestellt? Zeige am Hunterterfeld und rechne.

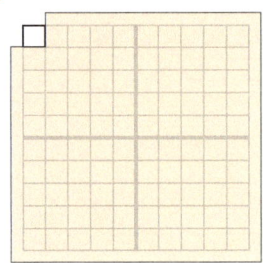

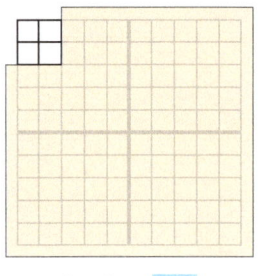
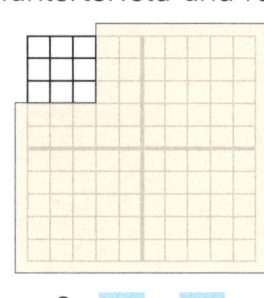
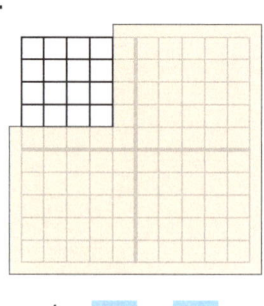

$1 \cdot 1 =$ 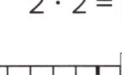 $2 \cdot 2 =$ $3 \cdot$ ☐ = ☐ $4 \cdot$ ☐ = ☐

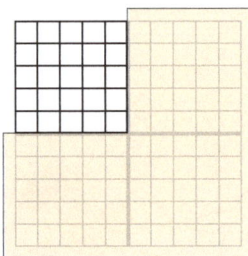
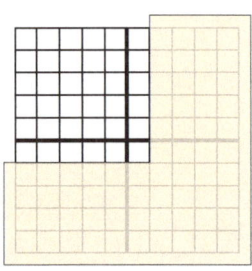
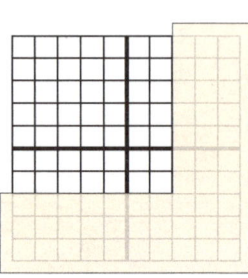

Erklärt, setzt fort und zeigt am Hunderterfeld.

Das sind Quadrataufgaben.

·Diese Aufgaben und ihre Ergebnisse merke ich mir.

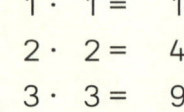
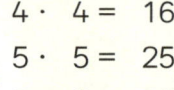
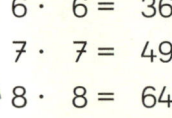

$1 \cdot$	$1 =$		1
$2 \cdot$	$2 =$		4
$3 \cdot$	$3 =$		9
$4 \cdot$	$4 =$		16
$5 \cdot$	$5 =$		25
$6 \cdot$	$6 =$		36
$7 \cdot$	$7 =$		49
$8 \cdot$	$8 =$		64
$9 \cdot$	$9 =$		81
$10 \cdot$	$10 =$		100

2 Zeichne und rechne im Heft.

a) $1 \cdot 1$ b) $2 \cdot 2$ c) $5 \cdot 5$
d) $4 \cdot 4$ e) $3 \cdot 3$ f) $7 \cdot 7$

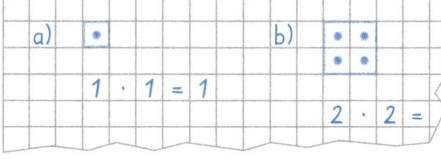

a) •   b) •• ••
$1 \cdot 1 = 1$ $2 \cdot 2 =$

3 Suche zu den Zahlen die Quadrataufgaben.

a) 100   a) $10 \cdot 10 = 100$

b) 25   c) 64   d) 1   e) 9   f) 49

g) 4   h) 16   i) 81   j) 36

4 Aus welchen Aufgaben kannst du Quadrataufgaben bilden?

a) $3 \cdot$ ☐ $= 9$ b) $2 \cdot$ ☐ $= 8$ c) $4 \cdot$ ☐ $= 16$ d) $2 \cdot$ ☐ $= 12$ e) $5 \cdot$ ☐ $= 25$

f) $4 \cdot$ ☐ $= 20$ g) $2 \cdot$ ☐ $= 4$ h) $3 \cdot$ ☐ $= 30$ i) $6 \cdot$ ☐ $= 36$ j) $10 \cdot$ ☐ $= 100$

5 Von einer Quadrataufgabe zur nächsten. Zeichne und rechne.

Wie viele Punkte kommen dazu?

Erkennst du eine Regel?

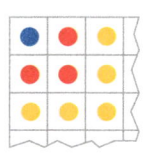

3 Forscherheft verwenden.

1

Die Teller sind leer!

2 + 2 + 2 = ☐   1 + ☐ + ☐ = ☐   0 + ☐ + ☐ = ☐

3 · ☐ = ☐   3 · ☐ = ☐   3 · ☐ = ☐

2 Rechne zu jedem Bild die Plusaufgabe und die Malaufgabe.

a)

b)

3 a) 5 · 4   b) 10 · 5   c) 5 · 7   d) 10 · 9

2 · 4   2 · 5   2 · 7   2 · 9

1 · 4   1 · 5   1 · 7   1 · 9

0 · 4   0 · 5   0 · 7   0 · 9

Das ist doch die Tauschaufgabe von 4 · 0!

0 · 4

4 Setze richtig fort.

a) | 5 mal 0 ist gleich … | b) | Eine Zahl mal 0 ergibt immer … |

c) | 0 mal 3 ist gleich … | d) | Jede Zahl mal 1 ergibt … |

Beim Malnehmen…

W

5 Zeichne ab.

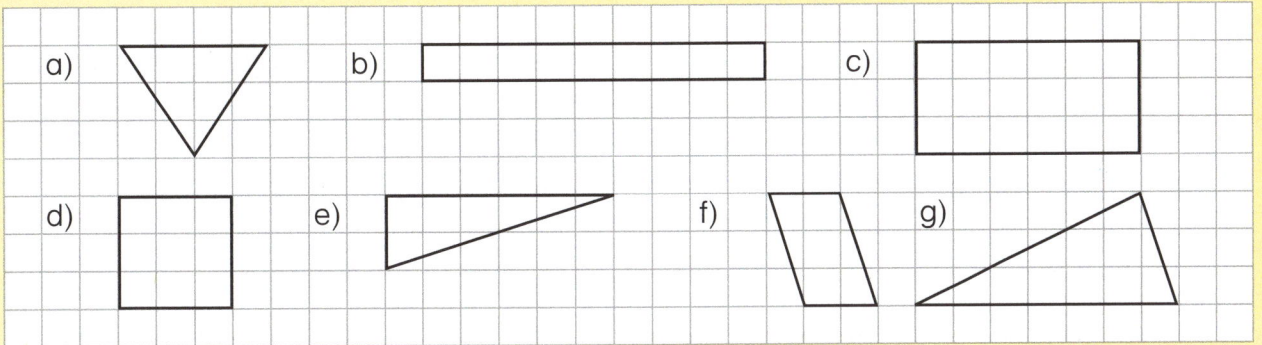

a)   b)   c)

d)   e)   f)   g)

1 Lasst eure Schiffe von der gleichen Linie aus starten. Vergleicht, wessen Boot weiter fährt.
Schreibt Sätze dazu.

> Das Boot von Tom fährt
> weiter als das Boot von Ben.
> Das Boot von

2 Messt die zurückgelegten Strecken mit Körpermaßen. Notiert die Ergebnisse in einer Tabelle. Welche Körpermaße sind geeignet?

Name	Entfernung
Paul	

3 Messt die zurückgelegten Strecken mit gleichen Gegenständen. Welche Gegenstände sind gut geeignet?

4 Auch Schritte sind ein Körpermaß. Messt Entfernungen im Schulhaus und um das Schulhaus mit Schritten.

> Anne   Der Flur ist 25 Schritte lang.
> Der Schulhof

Schritt

5  Kann das stimmen?

a) Der Flur ist vier Spannen lang.

b) Das Heft ist fünf Fingerbreiten hoch.

c) Das Mathebuch ist einen Fuß breit.

d) Die Schultasche ist eine Elle breit.

e) Der Bleistift ist zwei Ellen lang.

f) Der Klassenraum ist sechs Fuß breit.

g) Der Tisch ist fünf Spannen breit.

h) Die Brotdose ist sieben Schritte lang.

i) Mein Fuß ist länger als eine Elle.

j) Mein Schulweg ist 50 Ellen lang.

1 Gruppenarbeit. Spanne: Fingerspanne.

1 Wie lang ist der Klassenraum? Vergleicht und begründet.

Klassenraum
Länge: 10 Schritte
Lena

Klassenraum
Länge: 13 Schritte
Tim

2 Die Körpermaße sind bei jedem anders,
aber ein Meter ist immer gleich lang.

| 1 Meter | 1 m |

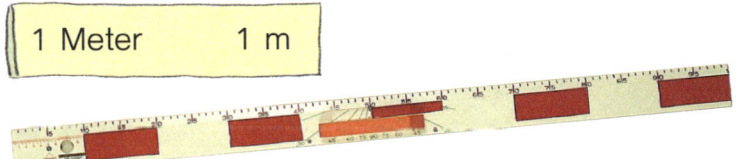

Bis wohin reicht bei euch ein Meter?

3 Stellt Meterstäbe oder Meterbänder her und messt damit.
Schätzt zuerst. Notiert in einer Tabelle.

a) Klassenraum
b) Flur
c) Tür
d) Tisch
e) Fenster
f) Tafel
g) Schultasche

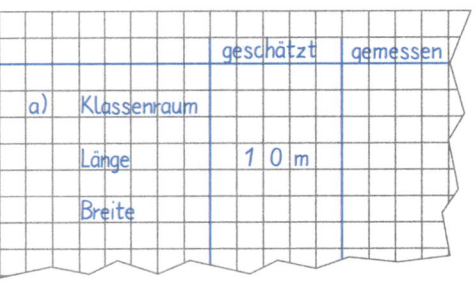

		geschätzt	gemessen
a)	Klassenraum		
	Länge		1 0 m
	Breite		

4 Setzt die Sätze fort. Könnt ihr messen oder müsst ihr schätzen? Begründet.

a) Die Breite der Tür ist etwa …

b) Die Höhe unseres Schulgebäudes ist …

c) Der Flur der Schule ist breiter als …

d) Unser Klassenzimmer ist länger als …

e) Die Höhe einer Tür ist ungefähr …

f) Der Schulhof ist länger als …

g) Die Breite der aufgeklappten Tafel beträgt …

1 Feststellen: Ein Einheitsmaß ist notwendig. **2** Auf die Einteilung im Meterstab noch nicht eingehen.
3 und **4** Ungefähres Messen: Nur volle Meter berücksichtigen.

1 Das sind Annas Merkgrößen.

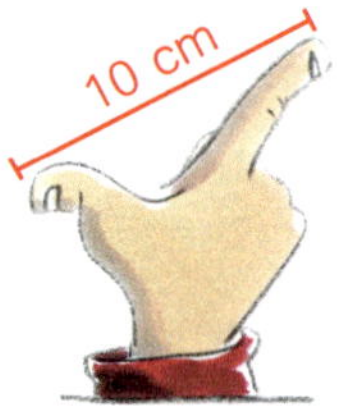

10 cm

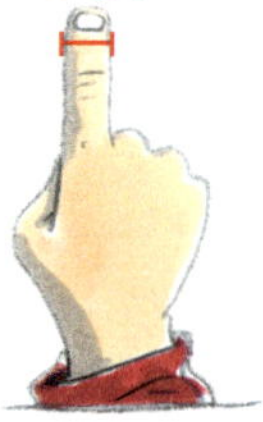

1 cm

| 1 Zentimeter | 1 cm |

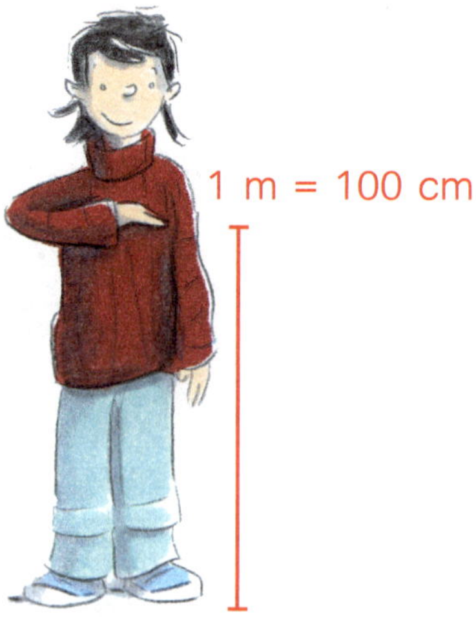

1 m = 100 cm

Miss die Länge von Gegenständen
mit deinen Körpermaßen.

2

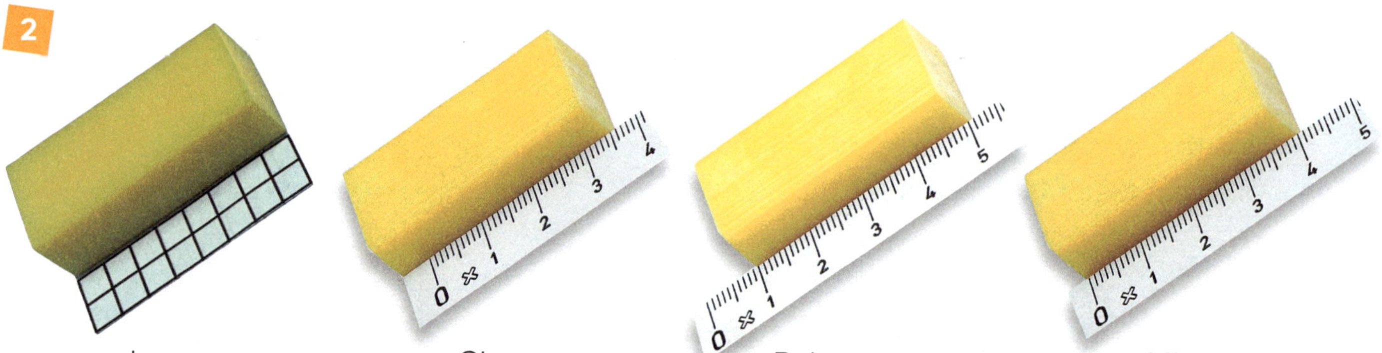

Jana   Sina   Peter   Mira

Wie lang ist der Radiergummi? Wer kann die Länge am besten ablesen?

3 Schätze und miss die Länge der Gegenstände.

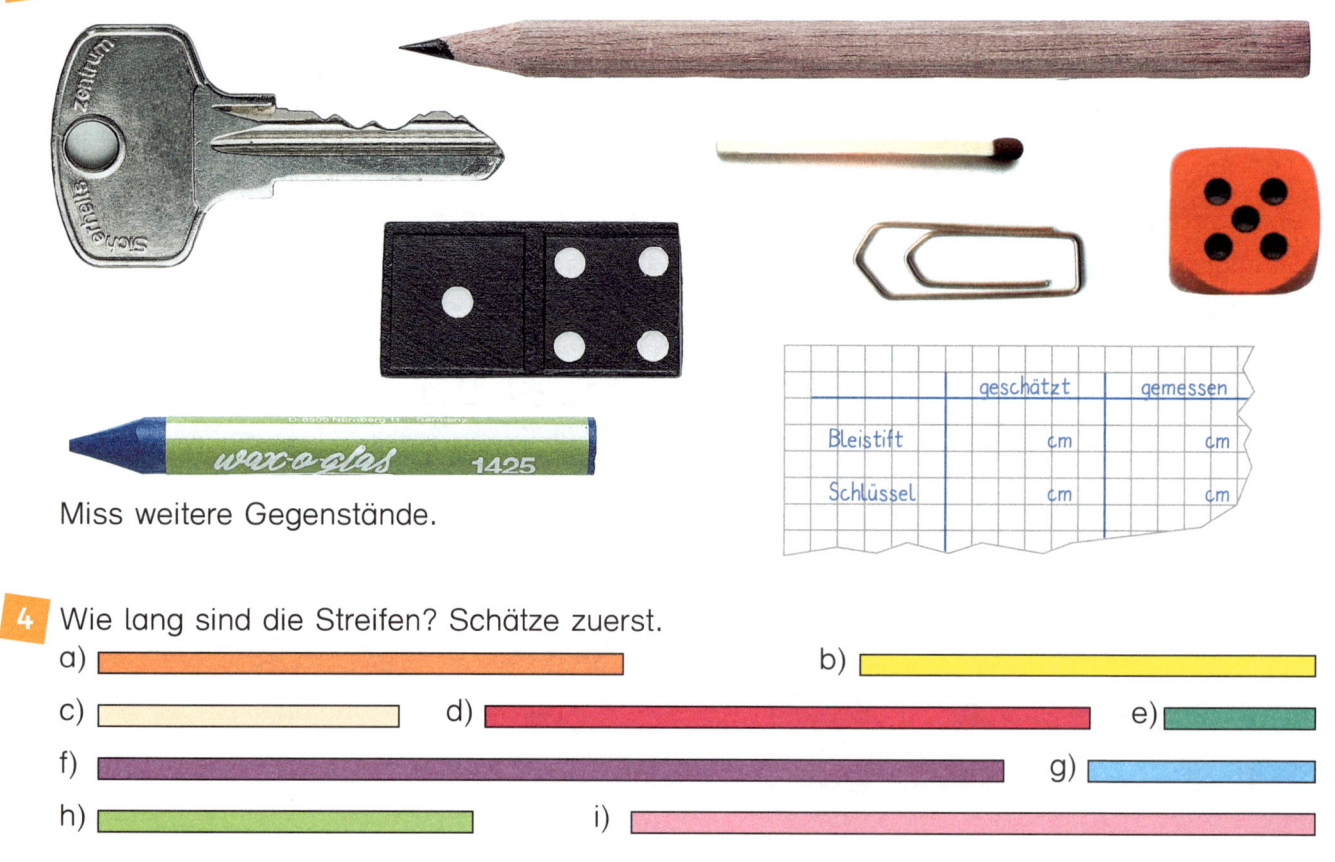

Miss weitere Gegenstände.

	geschätzt	gemessen
Bleistift	cm	cm
Schlüssel	cm	cm

4 Wie lang sind die Streifen? Schätze zuerst.

a)

b)

c)   d)   e)

f)   g)

h)   i)

3 Diff.: Gegenstände nach der gemessenen Länge ordnen.
3 und **4** Geschätze und gemessene Längen vergleichen.

Ein Meter ist eingeteilt in 100 Zentimeter.

1 m = 100 cm

1
a) Messt alle Kinder eurer Tischgruppe. Vergleicht.

b) Prüft nach.

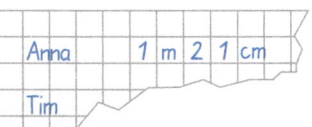

| Anna | 1 m 2 1 cm |
| Tim | |

In der zweiten Klasse sind alle Kinder größer als 1 m, aber kleiner als 2 m.

2 Emma ist 10 cm größer als Felix.
Felix ist 1 m 28 cm groß.
Wie groß ist Emma?

Paul möchte ausrechnen wie groß Emma ist.
Er macht eine Skizze.

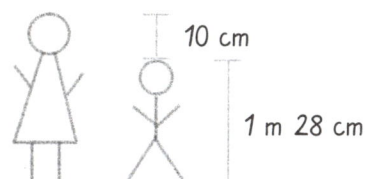

3 Zeichne zu jeder Aufgabe eine Skizze und rechne.

a) Amelie ist 5 cm größer als Jonas.
Jonas ist 1 m 30 cm groß.
Wie groß ist Amelie?

b) Mia ist 1 m 40 cm groß.
Lena ist 7 cm kleiner.
Wie groß ist Lena?

c) Max ist 1 m 25 cm groß.
Elias ist 9 cm größer.
Wie groß ist Elias?

4 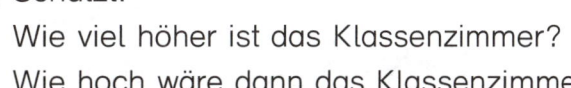 Eine Klassenzimmertür ist 2 m 5 cm hoch.

a) Schätzt:
Wie viel höher ist das Klassenzimmer?
Wie hoch wäre dann das Klassenzimmer?

b) Überlegt: Wie hoch wäre dann das Schulhaus ungefähr?

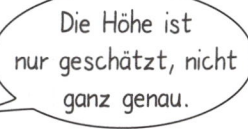
Die Höhe ist nur geschätzt, nicht ganz genau.

5 Miss genau und schreibe mit Meter und Zentimeter auf.

a) Breite eines Schülertisches
b) Höhe eines Schülertisches
c) Breite eines Fensters
d) Länge des Klassenzimmers

6 Schreibe Gegenstände, Pflanzen oder Tiere mit diesen Längen auf.

a) zwischen 10 cm und 20 cm

b) zwischen 50 cm und 1 m

c) zwischen 2 m und 3 m

d) zwischen 5 m und 10 m

Beim Rechnen mit Meter und Zentimeter...

6 Diff.: Längen am eigenen Körper feststellen.

1

Rechenkonferenz

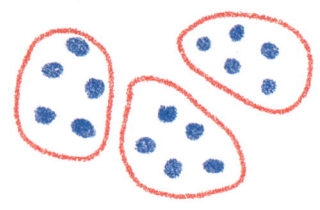

$$15 : 5 = \underline{\qquad}$$

geteilt durch

2 Immer 12 Kinder. Teile auf.

a) in Sechsergruppen

a) $1\,2 : 6 =$

b) in Vierergruppen

c) in Dreiergruppen

d) in Zweiergruppen

3 Wie viele Gruppen sind es?

a) 14 Kinder bilden Zweiergruppen.
b) 15 Kinder bilden Dreiergruppen.
c) 16 Kinder bilden Vierergruppen.
d) 20 Kinder bilden Fünfergruppen.

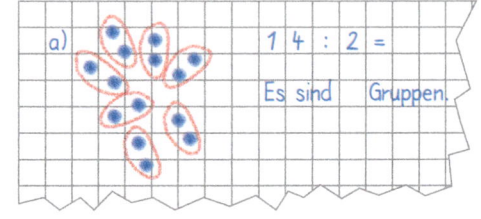

a) $1\,4 : 2 =$

Es sind ___ Gruppen.

4 Immer 18 Steckwürfel. Baue und schreibe auf, wie viele Türme gebaut werden können.

Ich baue Dreiertürme.

18 : 3

Ich baue Zweiertürme.

18 : 2

5 Wie viele kannst du bauen?

a) Zweiertürme
b) Dreiertürme
c) Vierertürme

6 Wie viele kannst du bauen?

a) Zweiertürme
b) Achtertürme
c) Vierertürme

7 Wie viele Fünfertürme kannst du bauen?

a) aus 10 Steckwürfeln
b) aus 25 Steckwürfeln
c) aus 30 Steckwürfeln
d) aus 20 Steckwürfeln

8 Wie viele Vierertürme kannst du bauen?

a) aus   4 Steckwürfeln
b) aus 28 Steckwürfeln
c) aus 12 Steckwürfeln
d) aus 24 Steckwürfeln

9 Suche die Geteilt-Aufgabe.

a)
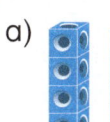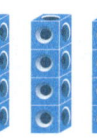

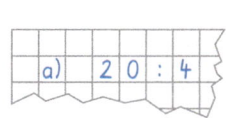
a)   2 0 : 4

b)
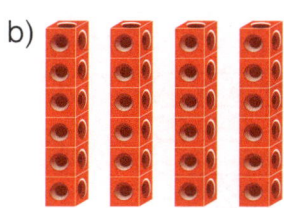

c)
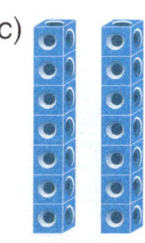

d)

e)

f)

10 Zeichne und rechne.

a)   8 : 2
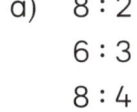
a)   8 : 2 =

6 : 3
8 : 4
6 : 6
10 : 2

b)   9 : 3
3 : 3
4 : 2
🐝 15 : 3
🐝 15 : 5

11 Teile 24 Steckwürfel auf.
Welche Möglichkeiten findest du?

Forschungs-auftrag

1

Wir brauchen 20 Äpfel.

1 Packung   4 Äpfel
2 Packungen   8 Äpfel
3 Packungen 12 Äpfel
4 Packungen 16 Äpfel
5 Packungen ...

Wir brauchen 5 Packungen.

$\square \cdot 4 = 20$

$$\square \overset{\cdot\,4}{\underset{:\,4}{\rightleftarrows}} 20 \qquad \textbf{Umkehraufgaben}$$

$20 : 4 = \square$

2 Wie viele Packungen müssen die Kinder kaufen?

a) Ich brauche 20 Zitronen.

a)
$$4 \overset{\cdot\,5}{\underset{:\,5}{\rightleftarrows}} 2\,0$$
Sie müssen 4 Packungen.

b) Ich brauche 14 Birnen.

c) Ich brauche 16 Orangen.

d) Ich brauche 30 Paprika.

e) Ich brauche 18 Äpfel.

3 Schreibe Aufgabe und Umkehraufgabe.

a)

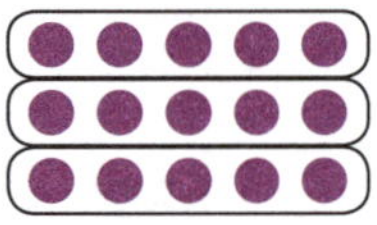

a)
$$3 \overset{\cdot\,5}{\underset{:\,5}{\rightleftarrows}} 1\,5$$

b)

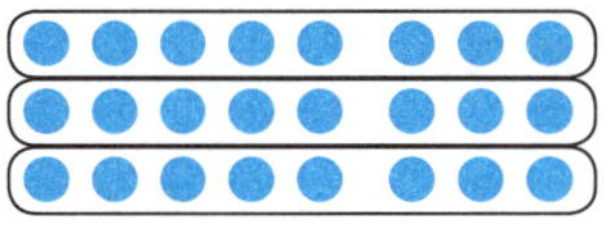

c)

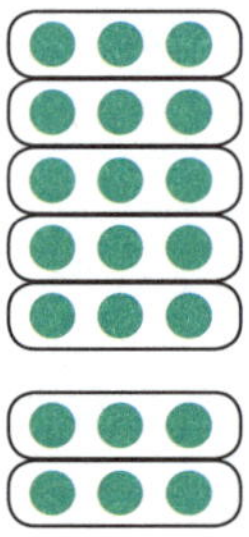

d)

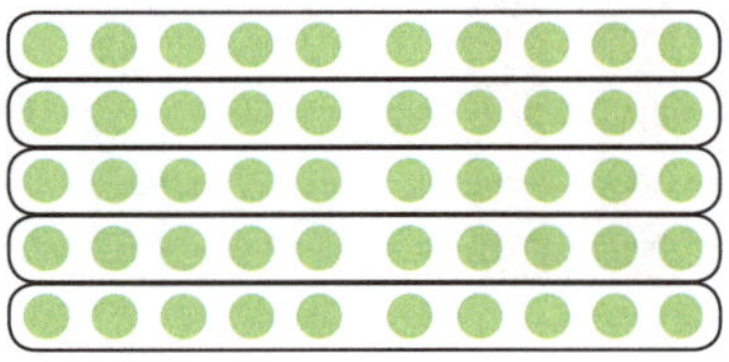

e)

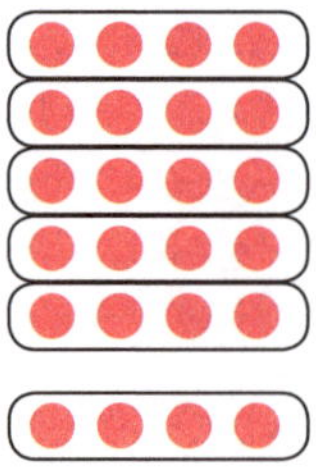

f)

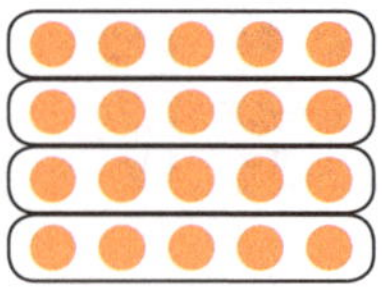

4 Rechne auch die Umkehraufgabe.

a)	b)	c)	d)	e)	f)
$2 \cdot 5$	$5 \cdot 2$	$2 \cdot 3$	$5 \cdot 6$	$5 \cdot 4$	$8 \cdot 5$
$5 \cdot 5$	$10 \cdot 2$	$5 \cdot 3$	$10 \cdot 6$	$4 \cdot 4$	$7 \cdot 7$
$10 \cdot 5$	$2 \cdot 2$	$3 \cdot 3$	$2 \cdot 6$	$1 \cdot 4$	$7 \cdot 5$

5

a)	b)	c)	d)	e)
$6 : 2$	$4 : 4$	$25 : 5$	$10 : 10$	$9 : 3$
$10 : 2$	$40 : 4$	$10 : 5$	$20 : 10$	$30 : 3$
$8 : 2$	$20 : 4$	$50 : 5$	$50 : 10$	$15 : 3$

a)
$$6 \overset{:\,2}{\underset{\cdot\,2}{\rightleftarrows}} 3$$

Mit der Umkehraufgabe prüfe ich, ob ich richtig gerechnet habe.

Beim Teilen...

1
a) 45 – 7   b) 34 – 6   c) 56 – 8   d) 24 – ▢   e) 33 – ▢
   45 + 7   34 + 6   56 + 8   24 + ▢   33 + ▢

   45 – 9   38 – 4   57 – 5   87 – ▢   46 – ▢
   45 + 9   38 + 4   57 + 5   87 + ▢   46 + ▢

2 Schreibe zu jeder Aufgabe auch die Umkehraufgabe.

a) 29 + 5 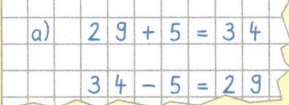   b) 38 + 7   c) 36 + 8   d) 53 – 6   e) 68 – 9

a) 2 9 + 5 = 3 4
   3 4 – 5 = 2 9

3 Schreibe nur die Aufgaben, deren Ergebnis größer als 60 ist.

a) 35 + 33   b) 87 – 14   c) 26 + 31   d) 14 + 23   e) 88 – 26

f) 72 – 11   g) 96 – 51   h) 51 + 27   i) 34 + 28

4 Setze die richtigen Rechenzeichen ein. + − · :

a) 5 ◯ 5 = 10   b) 10 ◯ 2 = 8   c) 10 ◯ 5 = 5   d) 4 ◯ 4 = 16
   5 ◯ 5 = 25   10 ◯ 2 = 12   10 ◯ 5 = 50   4 ◯ 4 = 0
   5 ◯ 5 = 0   10 ◯ 2 = 20   10 ◯ 5 = 2   4 ◯ 4 = 8
   5 ◯ 5 = 1   10 ◯ 2 = 5   10 ◯ 5 = 15   4 ◯ 4 = 1

5
a) 5 · 5   b) 2 · 4   c) 1 · 7   d) 0 · 6   e) 3 · 3   f) 8 · 2
   10 · 5   5 · 4   5 · 7   5 · 6   3 · 10   8 · 4
    2 · 5   4 · 4   0 · 7   6 · 6   3 · 5   8 · 6

0 0 7 8 9 10 15 16 16 20 25 30 30 32 35 36 48 50

6 Finde eine passende Frage. Rechne und antworte.

a) Die Klasse 2a hat fünf Vierertische.
b) Für 16 Kinder soll die Klasse 2b Vierertische bekommen.
c) In der Klasse 2c sind 20 Kinder. Sie sollen vier Gruppen bilden.
d) In den zweiten Klassen sind 80 Kinder. Sie sollen zehn Gruppen bilden.

7 Finde die sieben Fehler. Schreibe alle Aufgaben richtig in dein Heft.

6 · 4 = 36	0 · 9 = 9	10 · 5 = 50	15 : 5 = 3	2 : 2 = 1
5 · 6 = 20	1 · 9 = 9	9 · 5 = 40	3 : 3 = 3	8 : 2 = 6
2 · 7 = 14	9 · 9 = 81	1 · 5 = 1	8 : 4 = 2	Marie
Luisa	Theo	Sophie	Alex	

Wie gut kann ich das?

1

24 : 3

Anna verteilt 24 Karten. Wie viele Karten bekommt jedes Kind?

2 a)

15 : ▢

b)

15 : ▢

3 Vier Kinder spielen. Wie viele Karten bekommt jedes Kind?
Zeichne, wie du verteilst.

a) 12 Karten

b) 8 Karten

c) 20 Karten

d) 16 Karten

🐝 e) 40 Karten

🐬 f) 4 Karten

a) ☺ ☺ ☺ ☺
■ ■ ■ ■
■ ■ ■ ■
■ ■ ■ ■

1 2 : 4 =

Jedes Kind bekommt

4 Wie viele Karten bekommt jedes Kind?

a) Verteile 32 Karten an 8 Kinder.

b) Verteile 30 Karten an 5 Kinder.

c) Verteile 35 Karten an 5 Kinder.

d) Verteile 32 Karten an 4 Kinder.

e) Verteile 24 Karten an 6 Kinder.

f) Verteile 24 Karten an 4 Kinder.

5 Wie viele Karten bekommt jedes Kind?

a) 8 Karten an 2 Kinder
   8 Karten an 4 Kinder

b) 16 Karten an 4 Kinder
   16 Karten an 8 Kinder

c) 20 Karten an 5 Kinder
   20 Karten an 10 Kinder

d) 30 Karten an 3 Kinder
   30 Karten an 6 Kinder

Mir fällt etwas auf.

6 Schreibe Rechengeschichten.

a) ☺ ☺ ☺
▢ ▢ ▢
▢ ▢ ▢

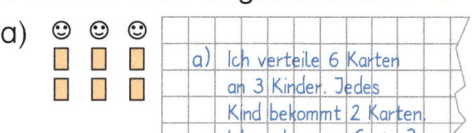

a) Ich verteile 6 Karten
an 3 Kinder. Jedes
Kind bekommt 2 Karten.
Ich rechne: 6 : 3 =

b) ☺ ☺ ☺ ☺
▢ ▢ ▢ ▢
▢ ▢ ▢ ▢

c) ☺ ☺ ☺ ☺
▢ ▢ ▢ ▢
▢ ▢ ▢ ▢
▢ ▢ ▢ ▢

d) Erfinde eigene
Rechengeschichten
zum Verteilen.

1 bis **5** Nachspielen.
6 Forscherheft verwenden.

7

a) 20 Kekse werden gleichmäßig verteilt.

> Paul
> Ich verteile 20 Kekse
> an 5 Kinder.
> Jedes Kind bekommt

> Carina
> Ich verteile 20 Kekse
> an 2 Kinder.
> Jedes Kind bekommt

b) Schreibe noch weitere Rechengeschichten mit 20 Keksen.

8 Verteile die Kekse gleichmäßig. Welche Möglichkeiten findest du?

a)

| a) | 1 2 | : 2 | = | |
| 1 2 | : 4 | = | |

b)

c)

9 Wie kannst du die Kekse verteilen? Schreibe Rechnungen.

a)
16 Stück

a)	1 6	: 2	=	
1 6	: 4	=	
1 6	:		

b)
18 Stück

c)
24 Stück

d)
15 Stück

10 Wie wurde verteilt? Schreibe die Rechnung.

a)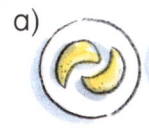

| a) | 6 | : 3 | = | |

b)

c)

d)

e)

11
	a)	b)	c)	d)	e)	f)
	10 : 2	14 : 2	5 : 5	10 : 5	10 : 10	20 : 10
	8 : 2	12 : 2	15 : 5	30 : 5	30 : 10	40 : 10
	2 : 2	20 : 2	25 : 5	20 : 5	50 : 10	60 : 10
	4 : 2	18 : 2	35 : 5	40 : 5	70 : 10	100 : 10

12 Setze die richtigen Rechenzeichen ein. $+$ $-$ $\cdot$ $:$

 zum Knobeln

a) 16 ◯ 2 = 8   b) 15 ◯ 5 = 20   c) 10 ◯ 2 = 20   d) 30 ◯ 3 = 10   e) 24 ◯ 8 = 16

16 ◯ 8 = 8   15 ◯ 5 = 3   10 ◯ 2 = 5   30 ◯ 3 = 90   24 ◯ 8 = 32

1 Hausmeister Praml braucht 12 Stühle. Er trägt immer 3 Stück. Wie oft muss er gehen?

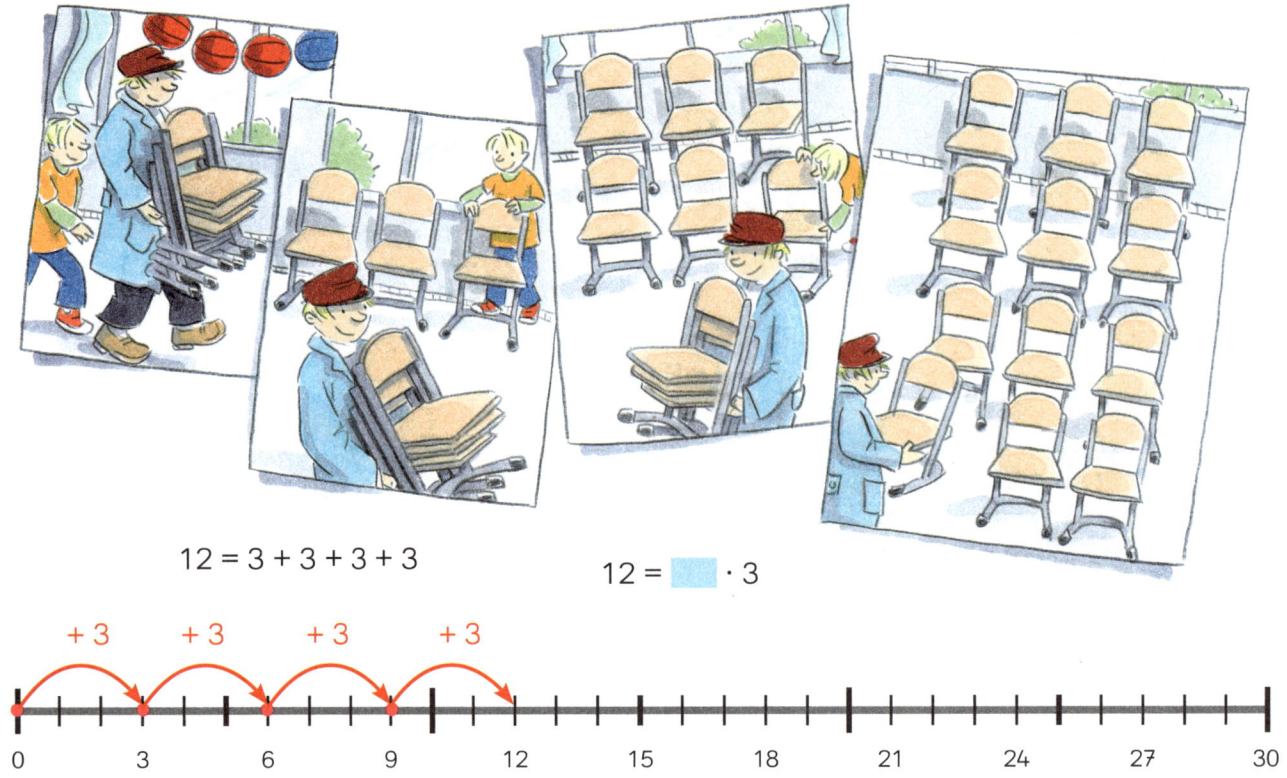

$12 = 3 + 3 + 3 + 3$

$12 = \boxed{} \cdot 3$

2 Wie oft muss Hausmeister Praml gehen? Prüfe am Zahlenstrahl.

a) $15 = \boxed{} \cdot 3$
  $18 = \boxed{} \cdot 3$
  $21 = \boxed{} \cdot 3$

b) $9 = \boxed{} \cdot 3$
  $12 = \boxed{} \cdot 3$
  $6 = \boxed{} \cdot 3$

c) $30 = \boxed{} \cdot 3$
  $27 = \boxed{} \cdot 3$
  $24 = \boxed{} \cdot 3$

d) $33 = \boxed{} \cdot 3$
  $42 = \boxed{} \cdot 3$
  $36 = \boxed{} \cdot 3$

3 Hausmeister Kunze kann immer 4 Stühle tragen. Wie oft geht er? Prüfe.

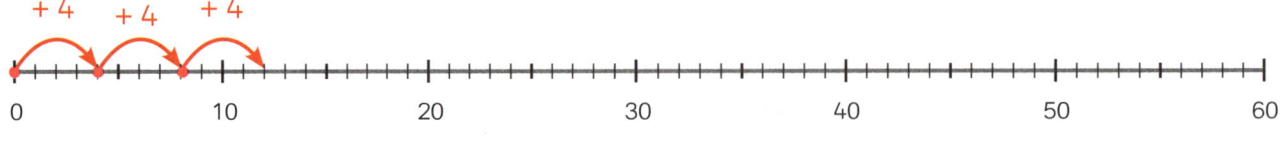

a) $16 = \boxed{} \cdot 4$
  $12 = \boxed{} \cdot 4$
  $24 = \boxed{} \cdot 4$

b) $20 = \boxed{} \cdot 4$
  $28 = \boxed{} \cdot 4$
  $32 = \boxed{} \cdot 4$

c) $40 = \boxed{} \cdot 4$
  $36 = \boxed{} \cdot 4$
  $4 = \boxed{} \cdot 4$

d) $44 = \boxed{} \cdot 4$
  $52 = \boxed{} \cdot 4$
  $48 = \boxed{} \cdot 4$

4 Wie oft muss Hausmeister Kunze gehen?

a) $25 = \boxed{} \cdot 5$
  $20 = \boxed{} \cdot 5$
  $30 = \boxed{} \cdot 5$
  $35 = \boxed{} \cdot 5$

b) $30 = \boxed{} \cdot 6$
  $24 = \boxed{} \cdot 6$
  $18 = \boxed{} \cdot 6$
  $6 = \boxed{} \cdot 6$

c) $20 = \boxed{} \cdot 2$
  $18 = \boxed{} \cdot 2$
  $16 = \boxed{} \cdot 2$
  $10 = \boxed{} \cdot 2$

d) $7 = \boxed{} \cdot 7$
  $14 = \boxed{} \cdot 7$

Beim Malnehmen...

1

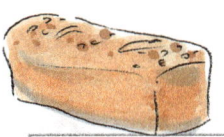

Sechskornbrot
2 € 80 ct

3 Brezen
1 € 65 ct

10 Semmeln
2 € 50 ct

Einkaufszettel Bäckerei

1 Sechskornbrot

2 Muffins

10 Semmeln

2 Muffins
3 € 10 ct

1 Stück Torte
2 € 70 ct

3 Krapfen
2 € 40 ct

Überschlagen heißt: feststellen wie viel es ungefähr ist.

Reichen 10 €?

Mutter überschlägt „Für das Sechskornbrot ungefähr 3 €, für die Muffins auch etwa 3 € und für die Semmeln …"

Überlege und antworte. Vergleicht eure Ergebnisse und begründet sie.

2 Wenn du den Überschlag rechnest, welchen Betrag wählst du dann?

a) beim Sechskornbrot

b) bei 3 Brezen

c) bei 2 Muffins

d) bei 3 Krapfen

e) bei 6 Krapfen

a) Sechskornbrot etwa 3 €

1 € = 100 ct

3 Wie viel fehlt zu 1 €?

a) 80 ct   b) 50 ct   c) 10 ct

d) 95 ct   e) 75 ct   f) 98 ct   g) 19 ct   h) 32 ct

a) 80 ct + 20 ct = 1 €

4 Suche zehn Plus-Aufgaben, die das Ergebnis 1 € haben

1 € = 50 ct + 40 ct + 10 ct

1 € = 65 ct + 35 ct

5 Wie viel fehlt?

a) von 3 € 95 ct zu 4 €

b) von 19 € 50 ct zu 20 €

c) von 1 € 50 ct zu 2 €

d) von 89 € 10 ct zu 90 €

e) von 44 € 20 ct zu 45 €

f) von 9 € 80 ct zu 10 €

 6 Überschlage.

a) Frau Brunner kauft eine Torte für 29 € 50 ct und zehn Semmeln für 2 € 50 ct. Sie möchte mit einem 20-€-Schein und einem 10-€-Schein bezahlen.

b) Herr Bayer kauft einen Erdbeerkuchen zu 19 € 45 ct und Semmeln. Reichen 20 € zum Bezahlen?

Flohmarkt der Klasse 2 c

jedes Buch **5 €**

jede CD **2 €**

7 €

PUZZLE **6 €**

DVD **12 €**

1 € 50 ct

1 € 50 ct

DOMINO **8 €**

3 €

jedes Stück **20 ct**

1 Was können die Kinder für ihr Geld kaufen?

 Rechen-konferenz

Peter

Anna

Ina

Oleg

2 Beantworte die Fragen zum Bild. Vergleicht und besprecht eure Antworten.

 Rechen-konferenz

a) Wie viel kosten 5 Bücher?

b) Reichen 10 € für das Puzzle und das Domino?

c) Was ist teurer, der Ball oder 3 CDs?

d) Um wie viel ist ein Buch teurer als ein Kreisel?

Sucht weitere Fragen zum Bild und schreibt sie auf.

3 Die Kinder haben Rechengeschichten zum Flohmarkt erfunden.

Peter kauft 3 Bücher. Er hat 20 €.
Marie

Henrik verkauft 3 CDs. Er möchte den Tischtennisschläger kaufen.
Luca

a) Löse die Aufgaben von Marie und Luca.

b) Erfinde eigene Rechengeschichten zum Flohmarkt.

4 Hier sind die Antwortsätze von Rechengeschichten. Erfinde dazu passende Rechengeschichten.

a) Lilly muss 10 € bezahlen.

b) Emre bekommt 3 € zurück.

5 Vergleiche die Preise auf dem Flohmarkt.
Schreibe die Vergleiche auf.

Das Memo ist billiger als das Domino.

3 CDs sind teurer als

Der Tischtennisschläger

6 Wie viel Geld fehlt noch?

a)

Jonas möchte kaufen	Jonas hat

b)

Sophie möchte kaufen	Sophie hat

c)

Fabian möchte kaufen	Fabian hat

7 Welche Rechengeschichte passt?

a) $4 \cdot 5\ € = \boxed{}\ €$

A Felix kauft den Tischtennis-Schläger und ein Buch.

B Amelie hat 5 €. Sie kauft das rote Auto.

C Lisa kauft 4 Bücher.

b) $10\ € - 8\ € = \boxed{}\ €$

A Julia hat 10 €. Von Oma bekommt sie noch 8 €.

B Tim hat 10 €. Er kauft das Domino-Spiel.

C Anton kauft das Paarspiel und ein Kartenspiel.

c) $7\ € + \boxed{}\ € = 15\ €$

A Leoni kauft den Fußball und das Halma-Spiel.

B Alina hat 7 €. Sie will das Halma-Spiel kaufen.

C Leon hat 15 €. Er kauft den Fußball und eine CD.

8 Schreibe Rechengeschichten zu den Aufgaben.

$56\ € : 7$ $96\ € - 57\ €$

9  Kann das stimmen?

a) Marie kauft 4 Dinge für genau 10 €.

b) Luca bezahlt den Fußball mit drei Münzen.

Beim Einkaufen...

1

Das ist die kleinere Nachbaraufgabe.

7 weniger

Kernaufgabe

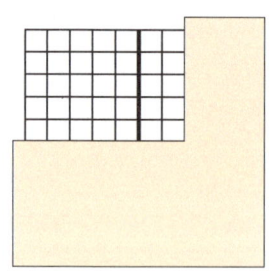

Das ist die größere Nachbaraufgabe.

7 mehr

$4 \cdot 7 = $

$5 \cdot 7 = 35$

$6 \cdot 7 = $

2 Zeige und rechne.

Beginne mit der Kernaufgabe.

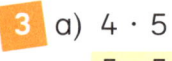

a) $4 \cdot 3$
   $5 \cdot 3$
   $6 \cdot 3$

b) $4 \cdot 2$
   $5 \cdot 2$
   $6 \cdot 2$

c) $4 \cdot 4$
   $5 \cdot 4$
   $6 \cdot 4$

d) $1 \cdot 9$
   $2 \cdot 9$
   $3 \cdot 9$

e) $1 \cdot 8$
   $2 \cdot 8$
   $3 \cdot 8$

f) $4 \cdot 8$
   $5 \cdot 8$
   $6 \cdot 8$

g) $4 \cdot 9$
   $5 \cdot 9$
   $6 \cdot 9$

h) $4 \cdot 7$
   $5 \cdot 7$
   $6 \cdot 7$

i) $1 \cdot 6$
   $2 \cdot 6$
   $3 \cdot 6$

j) $1 \cdot 7$
   $2 \cdot 7$
   $3 \cdot 7$

3 a) $4 \cdot 5$
      $5 \cdot 5$
      $6 \cdot 5$

b) $3 \cdot 4$
   $4 \cdot 4$
   $5 \cdot 4$

c) $2 \cdot 3$
   $3 \cdot 3$
   $4 \cdot 3$

d) $5 \cdot 6$
   $6 \cdot 6$
   $7 \cdot 6$

e) $6 \cdot 7$
   $7 \cdot 7$
   $8 \cdot 7$

f) $7 \cdot 8$
   $8 \cdot 8$
   $9 \cdot 8$

4 Die Kernaufgabe hilft dir.

a) $9 \cdot 4$
   $10 \cdot 4$

b) $9 \cdot 8$
   $10 \cdot 8$

c) $9 \cdot 3$
   $10 \cdot 3$

d) $9 \cdot 6$
   $10 \cdot 6$

e) $9 \cdot 7$
   $10 \cdot 7$

f) $9 \cdot 8$
   $10 \cdot 8$

5 Schreibe die Aufgabe und die zwei Nachbaraufgaben. Rechne.

a) $2 \cdot 9$

a) $1 \cdot 9 = 9$
   $2 \cdot 9 = 18$
   $3 \cdot 9 = 27$

b) $5 \cdot 6$

c) $2 \cdot 5$

d) $1 \cdot 7$

e) $7 \cdot 7$

f) $5 \cdot 10$

g) $6 \cdot 6$

6 Welche Kernaufgaben helfen?

Rechen-konferenz

a) $3 \cdot 4$

$2 \cdot 4$

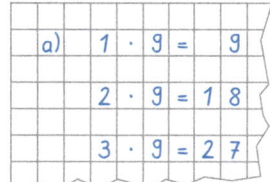

$4 \cdot 4$

b) $6 \cdot 7$

c) $9 \cdot 4$

d) $8 \cdot 9$

e) $7 \cdot 8$

1 Welche Kernaufgaben helfen?

Rechen-konferenz

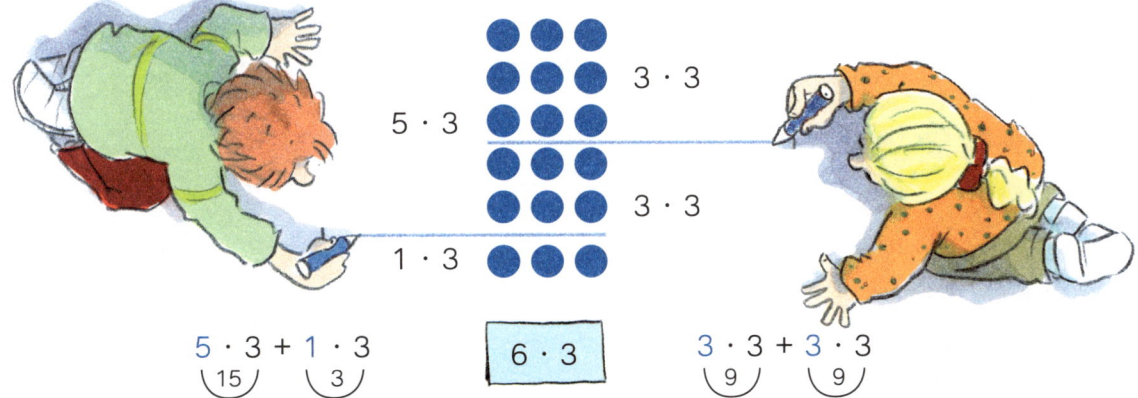

$5 \cdot 3$

$3 \cdot 3$

$3 \cdot 3$

$1 \cdot 3$

$5 \cdot 3 + 1 \cdot 3$
$\underbrace{}_{15} \underbrace{}_{3}$

$6 \cdot 3$

$3 \cdot 3 + 3 \cdot 3$
$\underbrace{}_{9} \underbrace{}_{9}$

2 a)

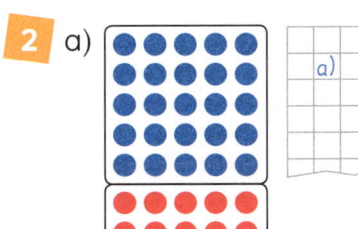

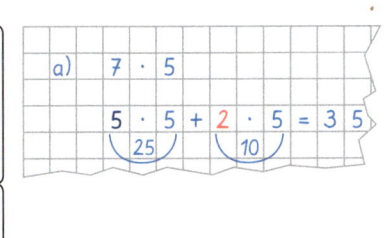

a) $7 \cdot 5$

$5 \cdot 5 + 2 \cdot 5 = 35$
$\underbrace{}_{25} \underbrace{}_{10}$

b)

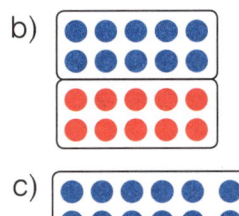

d)

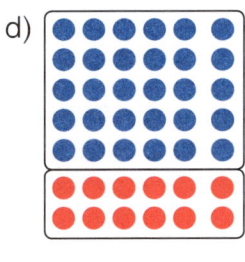

c)

3 Welche Kernaufgaben helfen dir?

a) $7 \cdot 8$

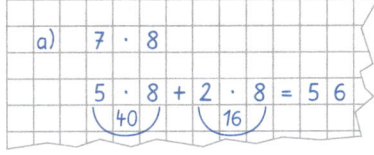

a) $7 \cdot 8$

$5 \cdot 8 + 2 \cdot 8 = 56$
$\underbrace{}_{40} \underbrace{}_{16}$

b) $7 \cdot 9$ c) $6 \cdot 4$ d) $7 \cdot 3$

e) $6 \cdot 5$ f) $7 \cdot 4$ g) $6 \cdot 9$

4 a)

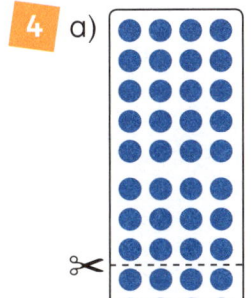

Paul rechnet so:

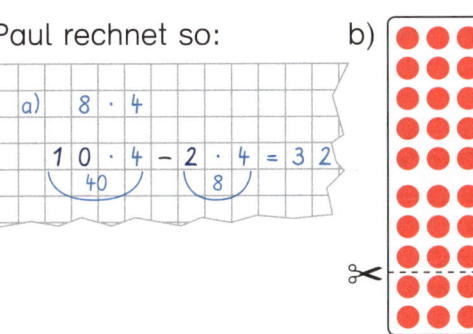

a) $8 \cdot 4$

$10 \cdot 4 - 2 \cdot 4 = 32$
$\underbrace{}_{40} \underbrace{}_{8}$

b)

c)

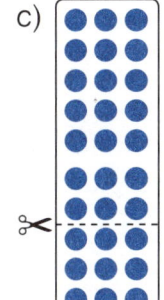

d)

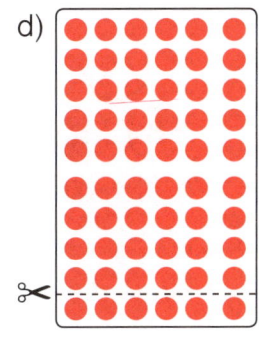

5 a) $9 \cdot 7$

a) $9 \cdot 7$

$10 \cdot 7 - 1 \cdot 7 = 63$
$\underbrace{}_{70} \underbrace{}_{7}$

b) $9 \cdot 5$ c) $9 \cdot 8$

d) $9 \cdot 3$

e) $8 \cdot 4$ f) $8 \cdot 6$

Suche weitere Aufgaben und löse sie mit den Kernaufgaben.

6 $10 \cdot 2 - 1 \cdot 2 = \boxed{} \cdot 2$ $2 \cdot 6 + 5 \cdot 6 = \boxed{} \cdot 6$

$10 \cdot 5 - 2 \cdot 5 = \boxed{} \cdot 5$ $5 \cdot 3 + 3 \cdot 3 = \boxed{} \cdot 3$

Schreibe selbst solche Aufgaben.

1

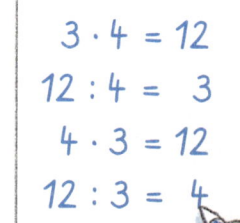

Immer 4 Aufgaben gehören zusammen.

$$3 \cdot 4 = 12$$
$$12 : 4 = 3$$
$$4 \cdot 3 = 12$$
$$12 : 3 = 4$$

Das ist eine Aufgabenfamilie: Tauschaufgaben und Umkehraufgaben.

2 Zu jedem Bild passen vier Aufgaben.

a)

a) $3 \cdot 5 = 15$
$15 : 5 = 3$
$5 \cdot 3 = 15$
$15 : 3 = 5$

b)

c)

d)

e)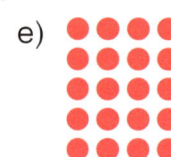

f)

g)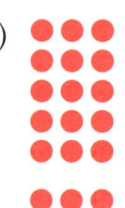

3 Schreibe Aufgabenfamilien.

a)

b)

c)

d)

e)

f) Schreibe eigene Aufgabenfamilien.

4 Finde die fehlende Zahl. Schreibe die Aufgaben dazu.

a)

b)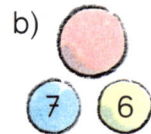

c)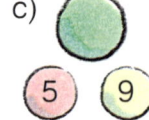

d)

e)

5 Was fällt dir bei diesen Aufgabenfamilien auf?

a)

b)

c)

d)

e)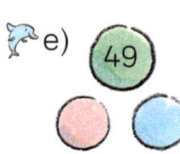

1 Wie viele Würfel hat Anna?

Ich habe 5 Vierertürme.

Von mir bekommst du noch 3 Steckwürfel dazu.

Ich rechne zuerst 5·4 und dann plus 3.

5 · 4 + 3 = 20

2

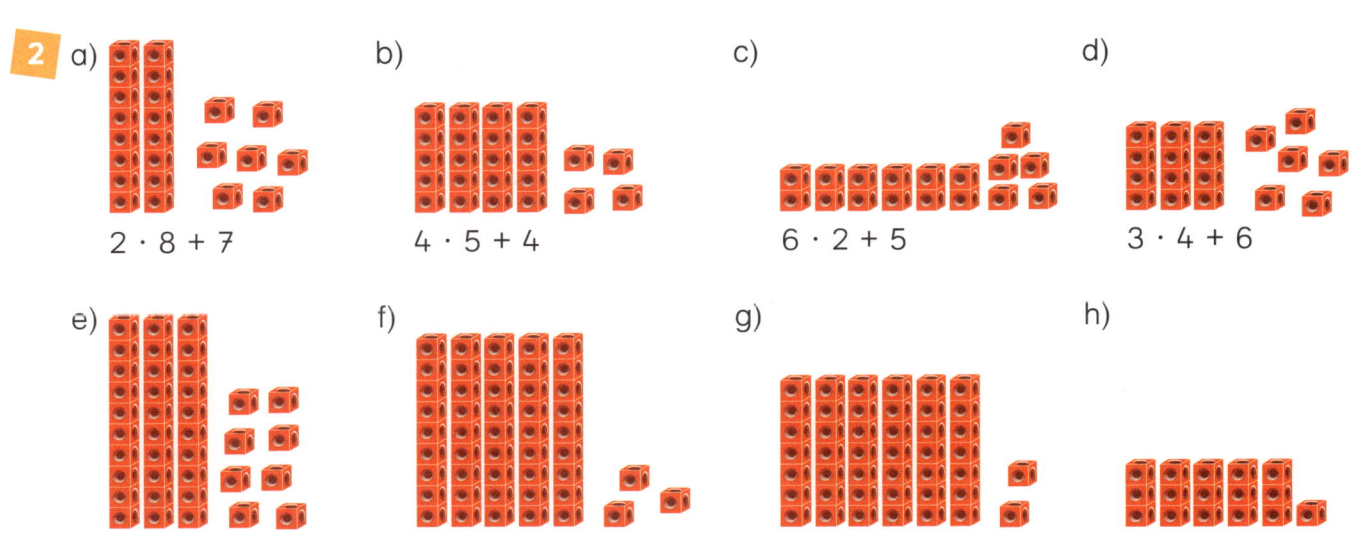

a) 2 · 8 + 7

b) 4 · 5 + 4

c) 6 · 2 + 5

d) 3 · 4 + 6

e)

f)

g)

h)

3 Wie viele Steckwürfel brauchst du?

a) 5 Zweiertürme und 3 Würfel

b) 8 Neunertürme und 1 Würfel

c) 7 Dreiertürme und 5 Würfel

d) 4 Sechsertürme und 7 Würfel.

4

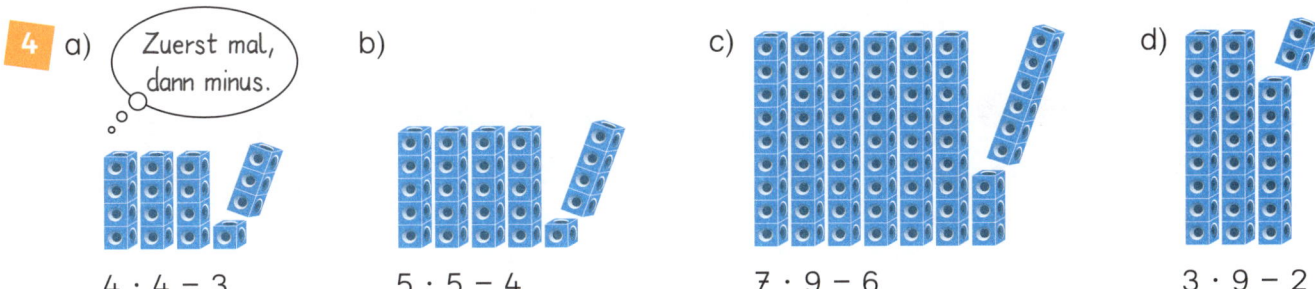

a) Zuerst mal, dann minus.

4 · 4 − 3

b) 5 · 5 − 4

c) 7 · 9 − 6

d) 3 · 9 − 2

5 Zuerst mal, dann minus oder plus.

Schreibe nur die Aufgaben, bei denen das Ergebnis größer als 20 ist.

a) 7 · 10 + 6
6 · 8 + 3
3 · 2 + 5
9 · 9 + 9

b) 8 · 8 − 4
5 · 6 − 8
3 · 8 − 6
7 · 4 − 4

c) 10 · 5 + 9
8 · 3 + 7
4 · 4 + 1
5 · 2 + 4

d) 9 · 9 − 2
6 · 6 − 4
10 · 3 − 4
9 · 8 − 5

Die Kinder bauen Dreiertürme.

Ich habe 15 Würfel.

Ich habe 16 Würfel.

16 : 3 = 5 R 1

15 : 3 = 5

Es bleibt etwas übrig, das ist der Rest.

1 Baue Dreiertürme mit
a) 18 Würfeln
b) 19 Würfeln
c) 20 Würfeln
d) 21 Würfeln

a)	1 8 : 3 =
b)	1 9 : 3 =
c)	2 0 : 3 =
d)	2 1 : 3 =

2 Baue Fünfertürme mit
a) 19 Würfeln
b) 20 Würfeln
c) 21 Würfeln
d) 22 Würfeln

3 Baue zunächst immer Zweiertürme, dann Dreiertürme und dann Vierertürme. Rechne.

a)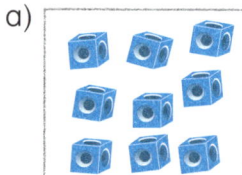

a)	9 : 2 =
	9 : 3 =
	9 : 4 =
	9 :

b)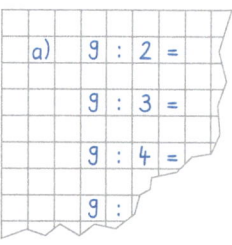

c)

d)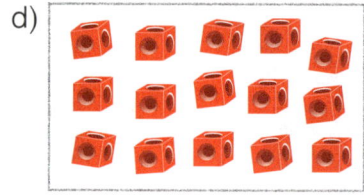

e)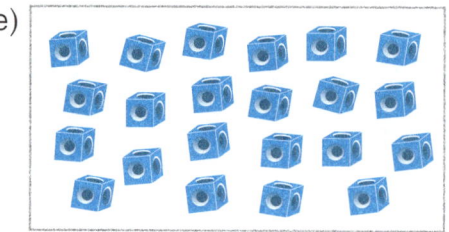

f)

4 Schau dir die Aufgaben an. Einige sind falsch gerechnet. Suche die Fehler. Besprecht.

a)
12 : 5 = 2 R 2
12 : 3 = 4 R 1
12 : 6 = 2
12 : 8 = 1 R 3

b)
18 : 6 = 3 R 1
14 : 5 = 2 R 4
17 : 3 = 5 R 3
15 : 4 = 3 R 3

c)
20 : 6 = 3 R 2
25 : 5 = 5
24 : 7 = 2 R 10
21 : 3 = 6 R 8

3 Diff.: Türme mit anderen Höhen bauen.

1 Opa will gerecht verteilen.

16 : 3 = 5

2 a) Verteile immer an drei Kinder.

A

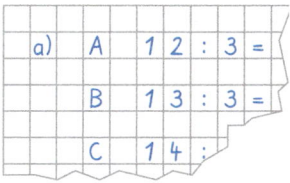

a) A   1 2 : 3 =
    B   1 3 : 3 =
    C   1 4 :

B    C    D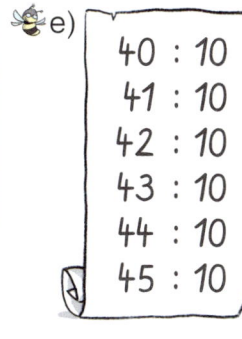

b) Verteile immer an vier Kinder.

3 Setze fort. Erkläre.

starke
Päckchen

a)
8 : 2
9 : 2
10 : 2
11 : 2
12 : 2
13 : 2

b)
12 : 4
13 : 4
14 : 4
15 : 4
16 : 4
17 : 4

c)
6 : 3
7 : 3
8 : 3
9 : 3
10 : 3
11 : 3

d)
15 : 5
16 : 5
17 : 5
18 : 5
19 : 5
20 : 5

e)
40 : 10
41 : 10
42 : 10
43 : 10
44 : 10
45 : 10

4 Es bleibt ein Rest. Wie rechnest du?

a) 15 : 2   b) 14 : 6   c) 24 : 5   d) 82 : 10   e) 17 : 4
(14 : 2) 21 : 2   (12 : 6) 36 : 7   (20 : 5) 12 : 5   (80 : 10) 43 : 10   (16 : 4) 10 : 3
      13 : 2   37 : 6   16 : 5   59 : 10   51 : 7
       9 : 2   18 : 4   37 : 5   32 : 10   27 : 5

5 Rechne nur die Aufgaben, die einen Rest haben.

a) 13 : 6   b) 60 : 10   c) 38 : 6   d) 15 : 7   e) 18 : 5
   15 : 5   52 : 10   53 : 7   60 : 6   25 : 6
   20 : 10   47 : 10   66 : 8   26 : 5   49 : 7

6

   Rest 2         10 : 4

Einer nennt einen Rest.
Der andere sagt eine
passende Geteiltaufgabe.

Beim
Malnehmen
und Teilen...

1 Die Kinder der Klasse 2a möchten vier Krüge Vitaminsaft zubereiten.
Wie viel von den Zutaten brauchen sie?

	1 Krug	4 Krüge
Orangen	4	1 6
Zitronen		

Vitaminsaft

für 1 Krug

Du brauchst:
4 Orangen
1 Zitrone
5 Birnen
2 Kiwis
2 Esslöffel Honig

Guten Appetit!

Zubereitung:
Presse die Orangen und die Zitrone aus. Schneide die Birnen und die Kiwis in kleine Stücke. Püriere sie mit dem Mixstab. Gib den Saft zu dem Fruchtmus. Süße den Saft mit Honig.

2 Die Klasse 2c möchte sechs Krüge Vitaminsaft zubereiten.

3 Die Klasse 2b bereitet Obstsalat zu.
Er soll für 24 Kinder reichen.

Obstsalat

für 4 Personen (für eine Schüssel)

Zutaten
4 Äpfel
2 Birnen
3 Orangen
1 Banane
2 Kiwis
(Erdbeeren, Weintrauben nach Belieben)

Zubereitung
Das Obst waschen, schälen, entkernen, in kleine Stücke schneiden und mit dem Saft einer halben Zitrone beträufeln. Einige Esslöffel Orangensaft zugeben. Vorsichtig mischen.

Rezept für vier Personen. Dann brauche ich für 24 Personen das ...

a) Stellt den Einkaufszettel zusammen.

a)	Äpfel:	6 · 4 = 2 4
	Birnen:	6 ·

Einkaufen:
24 Äpfel
☐ Birnen

b) Die Kinder möchten auch für ihre Patenklasse Obstsalat zubereiten.
In dieser Klasse sind 28 Kinder.

sicher	möglich	unmöglich

1 Auf dem Schulfest steht ein Glücksrad.

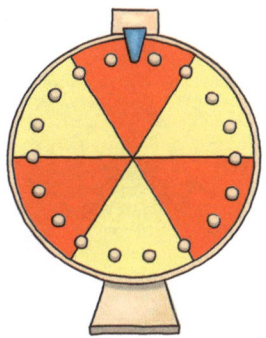

Entscheidet und begründet.

a) Ich treffe ein rotes Feld.

b) Ich treffe ein grünes Feld.

c) Ich treffe rot oder gelb.

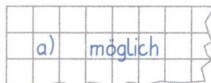
a)　möglich

2 Rot gewinnt.

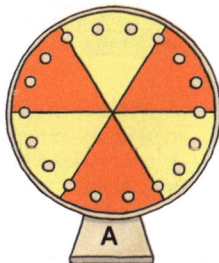　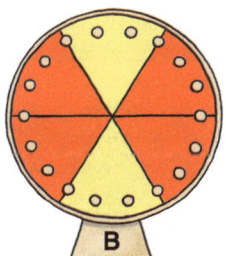　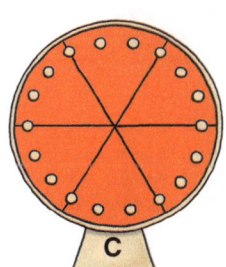　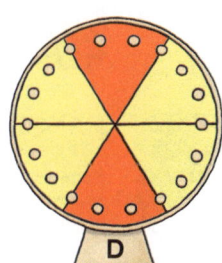　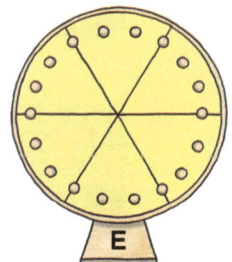

A   B   C   D   E

Bei welchen Rädern ist ein Gewinn möglich, sicher, unmöglich?
A　möglich

3 Grün gewinnt.
Welches Rad
würdest du
wählen?
Begründe.

　　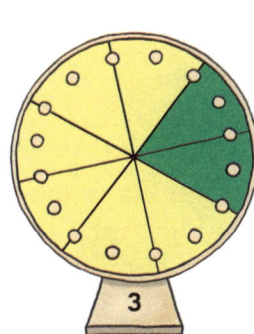

1   2   3

Ich wähle
das Rad
mit der größten
Gewinnchance.

4 Bei welcher Regel ist die Gewinnchance größer?

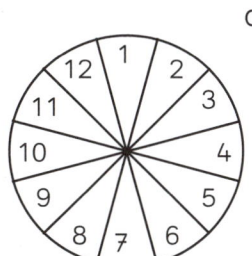

a) Die Zahl 12 gewinnt.

Eine ungerade Zahl gewinnt.

b) Eine Zahl größer als 3 gewinnt.

Eine Zahl kleiner als 7 gewinnt.

c) Eine Zahl, die durch 2 teilbar ist, gewinnt.

Eine gerade Zahl gewinnt.

5 Stelle eigene Regeln mit gleichen und ungleichen Gewinnchancen auf.

1 Wie groß ist der Unterschied? Wie rechnest du? Beschreibt und vergleicht.

Lars hat
25 Steckwürfel.

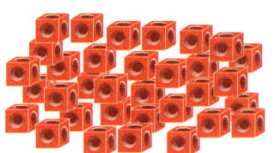

Rica hat
33 Steckwürfel.

2	5	+			=	3	3
3	3	−			=	2	5

2 Berechne den Unterschied auf deinem Weg.

a)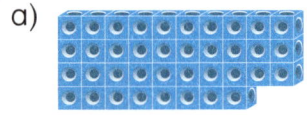

b)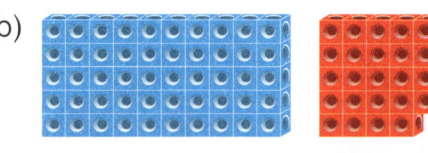

c)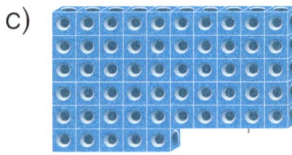

d)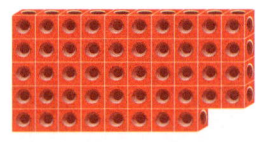

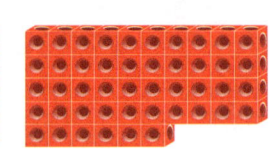
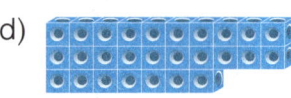
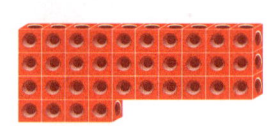

3 Berechne den Unterschied.

a) 43 63
19 25

b) 100 80
47 90

c) 15 22
53 30

d) 56 64
20 72

e) 14 44
20 83

4 Finde immer drei Zahlenpaare mit dem Unterschied.

a) 2   b) 10   c) 5   d) 20   e) 9   f) 13

5 Schreibe Vergleiche auf.

Ich bin 42 Jahre alt.

Ich bin 39 Jahre alt.

Ich bin 72 Jahre alt.

Ich bin 9 Jahre alt.

Ich bin 13 Jahre alt.

Sophie

Tim

Papa ist 3 Jahre älter als
Opa ist
Mama ist

6 Schreibe Vergleiche für deine Familie auf.

1

 50 €

Tobias hat 24 € gespart.
Wie viel Geld fehlt ihm noch?

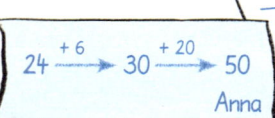
24 $\xrightarrow{+6}$ 30 $\xrightarrow{+20}$ 50
Anna

24 + 20 = 44
44 + 6 = 50
24 + 26 = 50   Pia

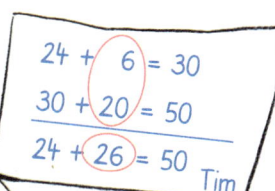
24 + 6 = 30
30 + 20 = 50
24 + 26 = 50   Tim

2 a)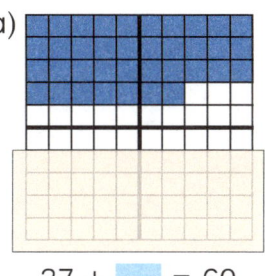

37 + ☐ = 60

b)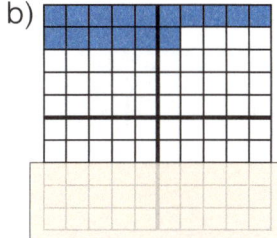

16 + ☐ = 70

c)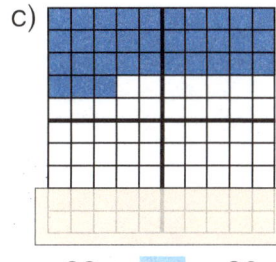

33 + ☐ = 80

d)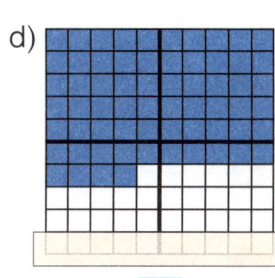

64 + ☐ = 90

e)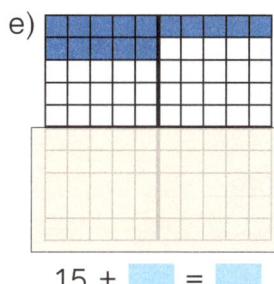

15 + ☐ = ☐

f)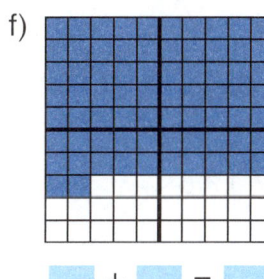

☐ + ☐ = ☐

g)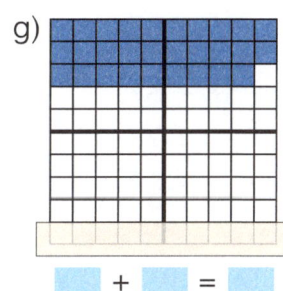

☐ + ☐ = ☐

h)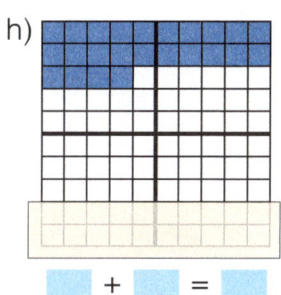

☐ + ☐ = ☐

3

a)
20 + ☐ = 50
22 + ☐ = 50
24 + ☐ = 50
26 + ☐ = 50
☐ + ☐ = ☐

b)
37 + ☐ = 60
36 + ☐ = 60
35 + ☐ = 60
34 + ☐ = 60
☐ + ☐ = ☐

c)
25 + ☐ = 50
35 + ☐ = 60
45 + ☐ = 70
55 + ☐ = 80
☐ + ☐ = ☐

d)
☐ + ☐ = 80
☐ + ☐ = 70
☐ + ☐ = 60
☐ + ☐ = 50
☐ + ☐ = ☐

e)

Welches Päckchen beschreibe ich?
Die erste Zahl wird immer um 10 größer.
Die zweite Zahl bleibt immer gleich.
Deshalb wird das Ergebnis immer
um 10 größer.

f)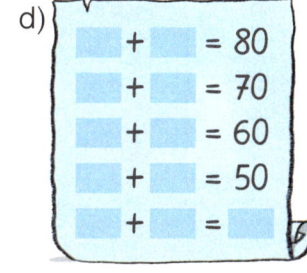

Sucht andere Päckchen aus.
Beschreibt sie euch gegenseitig.

4 Kombiniere: Von jeder Farbe eine Karte. Immer das gleiche Ergebnis.

 a) 25   7   10

34 5 20 **50**

13 6 30

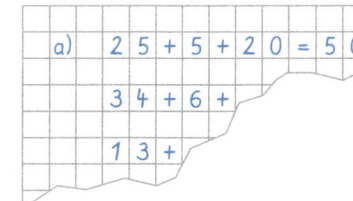
a) 2 5 + 5 + 2 0 = 5 0
  3 4 + 6 +
  1 3 +

b) 34 3 8

27 0 6 **60**

52 20 30

1 Diff.: Mit Steckwürfel legen.
3 d) Weitere starke Päckchen erfinden und aufschreiben.

1 Wie rechnest du?

Vergleicht und besprecht die Rechenwege.

$47 + 35$

47 + 30 + 5 = 82
Lena

40 + 30 = 70
7 + 5 = 12
47 + 35 = 82
Tom

47 + 30 = 77
77 + 5 = 82
Felix

2 Wie rechnet ihr? Vergleicht miteinander.

a) $37 + 16$ b) $56 + 38$ c) $25 + 36$ d) $65 + 27$ e) $27 + 35$

3

a)	b)	c)	d)	e)
26 + 5	18 + 17	25 + 18	34 + 36	43 + 29
26 + 15	18 + 27	25 + 28	35 + 37	38 + 38
26 + 25	18 + 37	25 + 48	36 + 38	49 + 37
26 + 35	18 + 67	27 + 38	37 + 34	56 + 38
26 + 45	18 + 77	27 + 58	38 + 35	45 + 47
26 + 65	18 + 82	27 + 68	39 + 36	37 + 37

31 35 41 43 45 51 53 55 61 65 70 71 71 72 72 73 73 74 74 75 76 85 85 86 91 92 94 95 95 100

4

a)
39 + 7
39 + 17
39 + 27
39 + ▢
▢ + ▢

b)
18 + 6
17 + 16
16 + 26
15 + ▢
▢ + ▢

c)
27 + 8
37 + 9
47 + 10
57 + ▢
▢ + ▢

d)
15 + 50
18 + 48
21 + 46
24 + ▢
▢ + ▢

e) Welche Päckchen beschreibe ich?
Die erste Zahl wird immer um 1 kleiner.
Die zweite Zahl wird immer um 10 größer.
Deshalb wird das Ergebnis immer
um 9 größer.

f) Sucht andere Päckchen aus.
Beschreibt sie euch gegenseitig.

5 Kombiniere: Von jeder Farbe eine Karte. Immer das gleiche Ergebnis.

a)
35 28 0
29 25 14 60
18 6 25

b)
27 5 15
36 17 10 55
28 13 14

c)
36 10 20
24 30 38 72
17 16 25

1 Wie rechnest du?

Vergleicht und besprecht die Rechenwege.

38 + 29

| 38 + 20 = 58 |
| 58 + 9 = 67 |
| Mia |

| 38 + 30 = 68 |
| 68 − 1 = 67 |
| Franzi |

| 38 + 2 = 40 |
| 40 + 27 = 67 |
| Emilia |

2 Probiere unterschiedliche Rechenwege.

a) 42 + 19 b) 29 + 35 c) 17 + 49 d) 43 + 39 e) 19 + 68

3 37 + 20 − 1   54 + 40 − 2

a) 37 + 19	b) 54 + 38	c) 56 + 29	d) 29 + 37	e) 13 + 59
54 + 19	37 + 38	74 + 18	38 + 49	72 + 19
46 + 19	26 + 38	48 + 28	59 + 27	25 + 68
25 + 19	43 + 38	57 + 28	28 + 38	14 + 57

44 56 64 65 66 66 71 72 73 75 76 81 85 85 86 87 91 92 92 93

4 Was fällt dir auf? Erkläre.

a) 45 + 37	b) 26 + 29	c) 36 + 38	d) 46 + 15	e) 58 + 39
26 + 55	39 + 15	37 + 36	35 + 27	59 + 37
47 + 39	29 + 44	42 + 49	57 + 38	53 + 38
48 + 39	59 + 15	39 + 53	77 + 17	36 + 56

54 55 61 62 73 73 74 74 81 82 86 87 91 91 92 92 94 95 96 97

5 Beschreibt und erklärt die Fehler der Kinder. Rechnet die Aufgaben richtig.

Besprecht auch eigene Fehler.

| 25 + 37 |
| 20 + 30 = 50 |
| 50 + 7 = 57   Marius |

| 58 + 23 |
| 58 + 30 = 88 |
| 88 + 2 = 90   Benedikt |

| 46 + 17 |
| 46 + 20 = 66 |
| 66 + 3 = 69   Franziska |

| 69 + 24 |
| 70 + 24 = 94 |
| 94 + 1 = 95   Melek |

6 Vergleiche. > < =

a) 26 + 28 ◯ 60	b) 16 + 16 ◯ 40	c) 36 + 42 ◯ 75	d) 45 + 37 ◯ 83
27 + 29 ◯ 60	17 + 18 ◯ 40	37 + 40 ◯ 75	48 + 37 ◯ 83
28 + 30 ◯ 60	18 + 20 ◯ 40	38 + 38 ◯ 75	46 + 37 ◯ 83

7 Kombiniere: Von jeder Farbe eine Karte. Finde jeweils verschiedene Möglichkeiten.

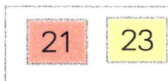

a)
21	23
27	30
28	22

▢ + ▢ < 50
▢ + ▢ = 50
▢ + ▢ > 50

b)
15	13	20
24	16	18
17	15	10

▢ + ▢ + ▢ < 50
▢ + ▢ + ▢ = 50
▢ + ▢ + ▢ > 50

6 Genau rechnen oder abschätzen.

1 Wie rechnest du?

Vergleicht und besprecht die Rechenwege.

Rechen-konferenz

$$50 - 28$$

50 – 20 = 30
30 – 8 = 22
Dilan

50 – 30 = 20
20 + 2 = 22
Mona

50 – 20 – 8 = 22
Paul

2 Wähle deinen Rechenweg.

a) 50 – 39   b) 70 – 27   c) 100 – 83   d) 60 – 32   e) 90 – 58

3
starke Päckchen 2

a)
50 – 10
50 – 12
50 – 20
50 – 22
☐ – ☐

b)
80 – 30
80 – 35
80 – 40
80 – 45
☐ – ☐

c)
70 – 30
70 – 33
70 – 40
70 – 43
☐ – ☐

d)
90 – 50
90 – 52
90 – 54
90 – 56
☐ – ☐

e)

Welches Päckchen beschreibe ich?
Die erste Zahl bleibt immer gleich.
Die zweite Zahl wird abwechselnd
um 3 und um 7 größer.
Das Ergebnis wird deshalb abwechselnd
um 3 und um 7 kleiner.

f)

Sucht andere Päckchen aus.
Beschreibt sie euch gegenseitig.

4
a) 60 + 20
60 – 20

70 + 21
70 – 21

50 + 22
50 – 22

b) 20 + 16
20 – 16

30 + 17
30 – 17

40 + 18
40 – 18

c) 50 + 33
50 – 33

60 + 36
60 – 36

40 + 39
40 – 39

d) 70 – 25
70 + 25

30 – 27
30 + 27

40 – 29
40 + 29

e) 50 – 48
50 + 48

40 – 37
40 + 37

60 – 46
60 + 46

1 2 3 3 4 11 13 14 17 22 24 28 36 40 45 47 49 57 58 69 72 77 79 80 83 91 95 96 98 106

5 Welche Bücher können die Klassen bestellen?

Tier Lexikon 25 €
Rätsel 15 €
Vulkane 29 €
Technik 22 €
Experimente 24 €

a) Klasse 2 a erhält 50 €.
b) Klasse 2 b darf für 40 € aussuchen.
c) Klasse 2 c hat vom letzten Jahr
noch 30 € und erhält weitere 45 €.
d) Die dritten Klassen dürfen für 100 € aussuchen.

3 Jeweils um mindestens vier Beispiele fortsetzen.
4 Ergebnisse der Aufgabenpaare vergleichen.

1 Wie rechnest du?

Vergleicht und besprecht die Rechenwege.

Rechen-konferenz

51 − 28

51 − 8 − 20 = 23
Laura

51 − 20 = 31
31 − 8 = 23
Simon

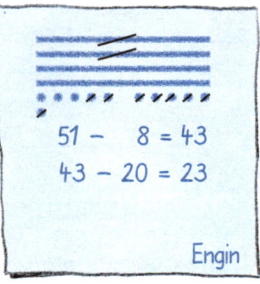

51 − 8 = 43
43 − 20 = 23
Engin

2 Rechne auf deinem Weg. Vergleicht miteinander.

a) 61 − 16   b) 74 − 47   c) 84 − 48   d) 95 − 59   e) 83 − 38

3 Was fällt dir auf?

a) 34 − 6   b) 45 − 8   c) 52 − 30   d) 63 − 20   e) 96 − 50
   34 − 16   45 − 28   52 − 39   63 − 26   96 − 59

   84 − 5   65 − 7   82 − 40   43 − 20   76 − 40
   84 − 25   65 − 57   82 − 46   43 − 28   76 − 48

8 13 15 17 18 22 23 28 28 36 36 37 37 37 42 43 46 58 59 79

4 Beschreibt und erklärt die Fehler der Kinder. Rechnet die Aufgaben richtig.
Besprecht auch eigene Fehler.

51 − 28
50 − 20 = 30
8 − 1 = 7
30 + 7 = 37   Marius

75 − 39
75 − 40 = 35
35 − 1 = 34   Benedikt

92 − 17
92 − 70 = 22
22 − 1 = 21   Franziska

43 − 26
40 − 20 = 20
20 − 6 = 14
14 − 3 = 11   Melek

5 Was fällt dir auf? Erkläre.

a) 62 − 28   b) 83 − 56   c) 65 − 26   d) 43 − 17   e) 73 − 19
   68 − 22   86 − 53   66 − 25   47 − 13   79 − 13

f) 57 − 36   g) 55 − 34   h) 98 − 26   i) 78 − 35   j) 44 − 23
   56 − 37   54 − 35   96 − 28   75 − 38   43 − 24

6  Kann das stimmen?

a) Das Doppelte von 37 ist größer als 40.

b) Die Hälfte von 96 ist größer als 50.

c) 75 ist größer als das Doppelte von 35.

d) 28 ist die Hälfte von 82.

e) Die Hälfte von 36 ist um 12 kleiner als 30.

W

7 a)    b)

5 Jeweils eine Aufgabe mit und ohne Zehnerüberschreitung.
6 Drei Aussagen stimmen.

1 a)

70 |
50 | 20 | 10

70 |
56 | 14 | 16

40 |
26 | 14 | 36

29 | 21 | 9

17 | 13 | 27

b)

90
| 48
6 | | 12

80
| 30
32 | | 12

60
23 |
11 | | 25

70
20 |
17 | | 47

50
18 |
9 | | 23

2 Welche drei Zahlenmauern stimmen nicht? Überprüfe und erkläre.

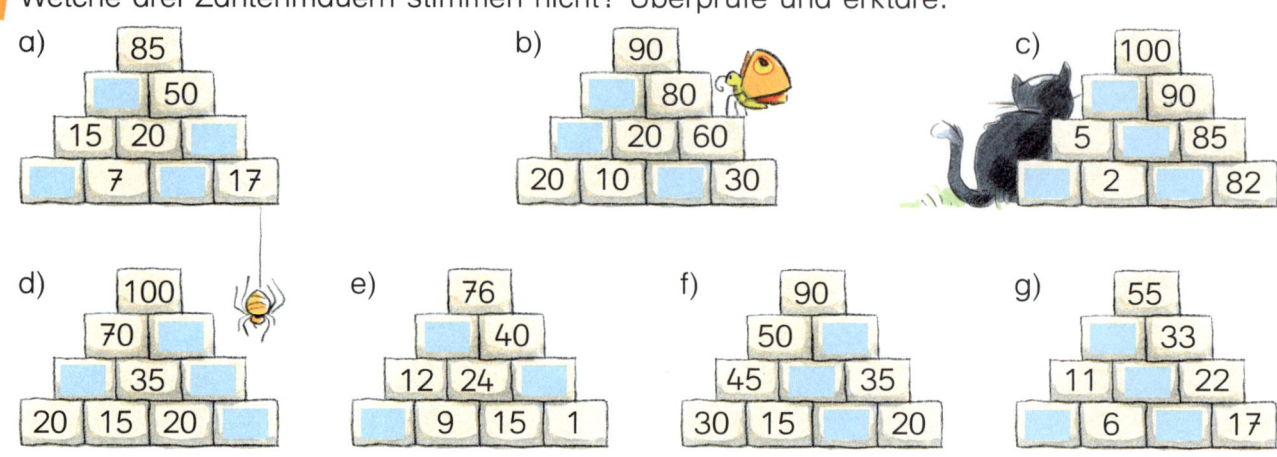

a)
85
| 50
15 | 20 |
| 7 | | 17

b)
90
| 80
| 20 | 60
20 | 10 | | 30

c)
100
| 90
5 | | 85
| 2 | | 82

d)
100
70 |
| 35 |
20 | 15 | 20 |

e)
76
| 40
12 | 24 |
| 9 | 15 | 1

f)
90
50 |
45 | | 35
30 | 15 | | 20

g)
55
| 33
11 | | 22
| 6 | | 17

3 Finde passende Zahlen.

a)
39

b)
61

c)
70

d)
88

11 |

4

Vertausche die drei Steine
in der unteren Reihe.
Mit welcher Anordnung erzielt ihr
die größte Zahl im obersten Stein?

25 | 10 | 30

Es gibt noch mehr Möglichkeiten.

25 | 30 | 10

Probiere es
auch mit
anderen
Zahlen.

5 Vertausche wieder die unteren
Steine. Wann erzielst du die
kleinste Zahl im obersten Stein?

a)

12 | 13 | 30

b)

24 | 13 | 20

c)

25 | 23 | 10

6 Wo passen die Zahlen?

a)
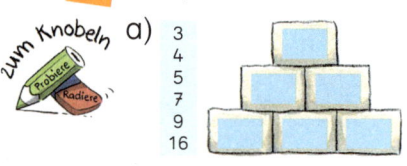
3
4
5
7
9
16

b)

0
1
1
14
15
16

c)

2
3
5
11
14
19

Bei den Rechenwegen plus und minus…

4 Die Veränderungen beschreiben. Insgesamt sechs Möglichkeiten.
Forscherheft verwenden.

1 Suche zu jedem Bild die Aufgabenfamilie.

a)  b)  c)  d)

2 Schreibe Aufgabenfamilien.

a) 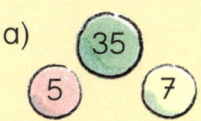 b)  c)  d)  e)

f) Suche weitere Aufgabenfamilien, bei denen es nur zwei verschiedene Aufgaben gibt.

3 Schreibe nur die Aufgaben, bei denen ein Rest bleibt.

a) 14 : 2	b) 10 : 5	c) 13 : 4	d) 13 : 3	e) 20 : 6
15 : 2	11 : 5	14 : 4	12 : 3	19 : 6
16 : 2	12 : 5	15 : 4	11 : 3	18 : 6
17 : 2	13 : 5	16 : 4	10 : 3	17 : 6

4 Kombiniere: Von jeder Farbe eine Karte.

a)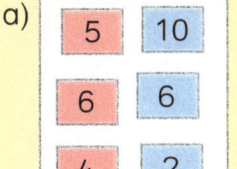

·   < 30

·   = 30

·   > 30

b)

:   < 4

:   = 4

:   > 4

5 Vergleiche.   >   <   =

a) 5 · 4 ◯ 5 + 4	b) 3 · 3 ◯ 12 − 3	c) 5 · 9 ◯ 58 + 1	d) 35 : 5 ◯ 15 − 8
7 · 1 ◯ 7 + 1	7 · 7 ◯ 50 − 9	4 · 4 ◯ 12 + 4	25 : 5 ◯ 35 − 15
8 · 8 ◯ 8 + 8	6 · 6 ◯ 36 − 0	0 · 5 ◯ 5 + 0	81 : 9 ◯ 30 − 21
2 · 2 ◯ 2 + 2	4 · 4 ◯ 20 − 4	7 · 8 ◯ 52 + 3	24 : 8 ◯ 80 − 76

6 Schreibe Rechengeschichten zu den Aufgaben.   100 − 53   15 + 37 + 26

7 Miss die farbigen Strecken aus und berechne jeweils die Gesamtlänge.

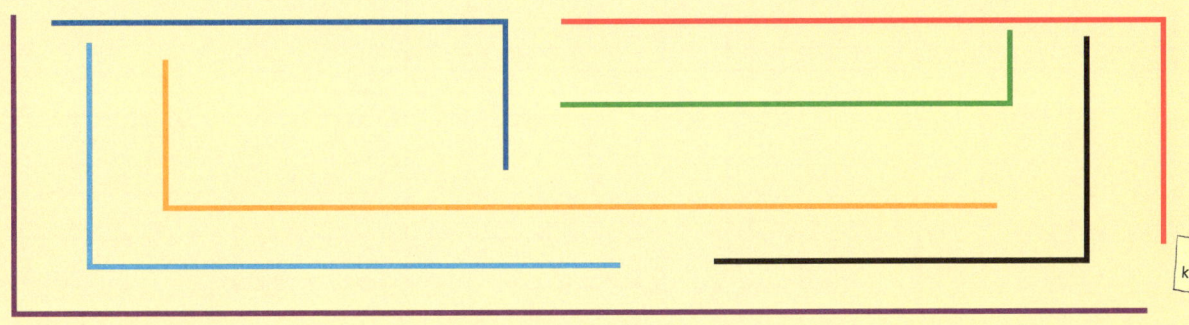

Wie gut kann ich das?

4 Verschiedene Lösungen möglich.

1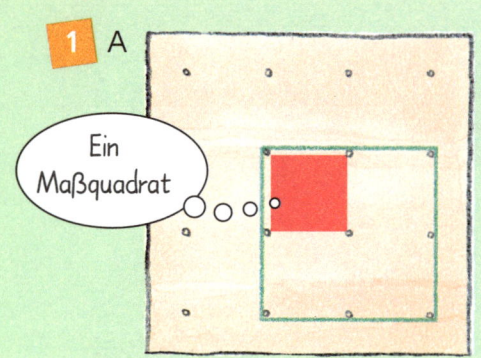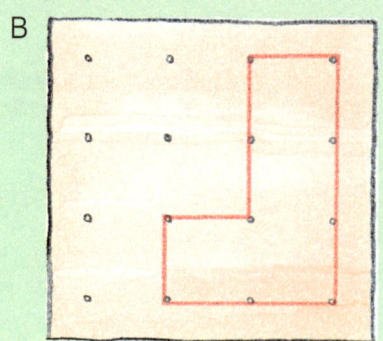

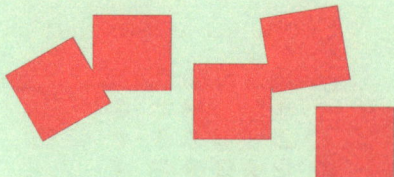

Spannt die Figuren.
Wie viele Maßquadrate passen in jede Figur?
Vermutet und überprüft.

2 a) Spannt. Aus wie vielen Maßquadraten besteht der Flächeninhalt?

b) Erklärt, wie ihr vorgeht und wie ihr den Flächeninhalt vergleicht.

3 Welche Flächeninhalte sind gleich groß? Vermutet. Spannt und überprüft mit Maßquadraten.

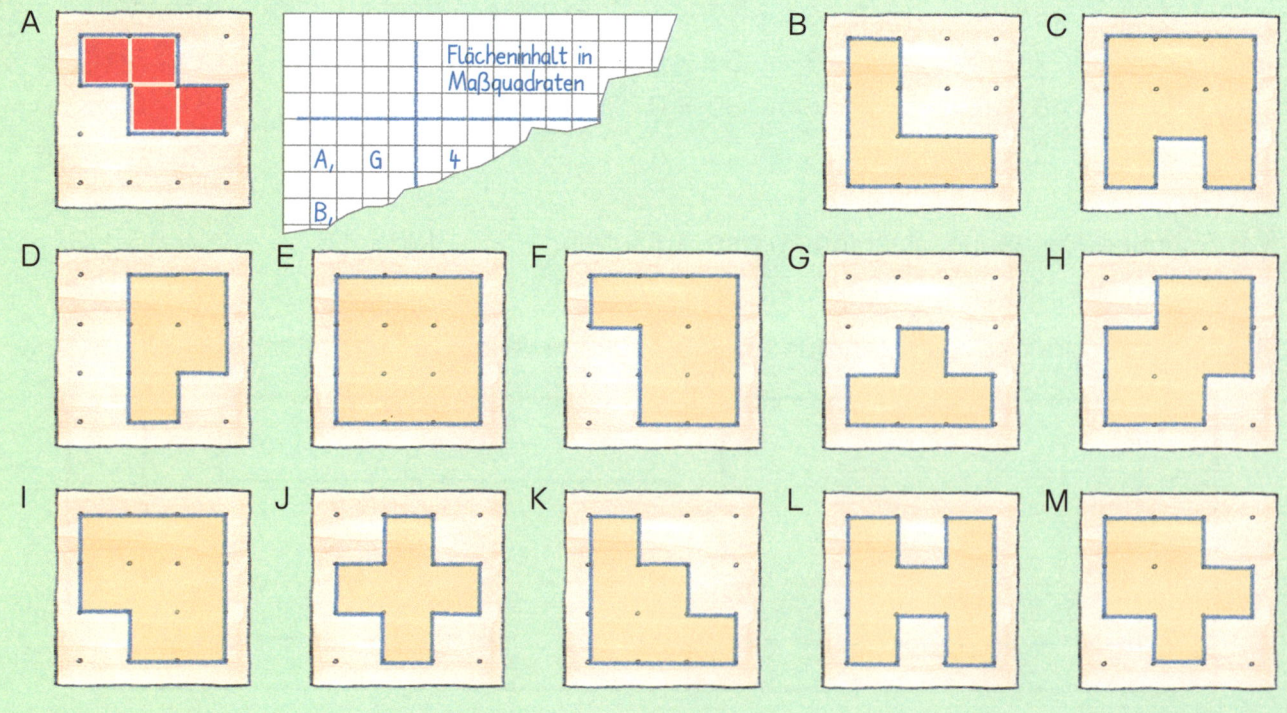

1 a) Spannt die Figuren.

Legt entlang des Gummis Hölzstäbe, die genau zwischen die Nägel passen.

A 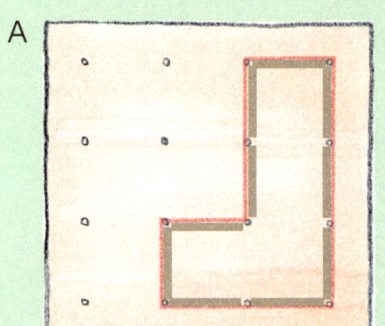 B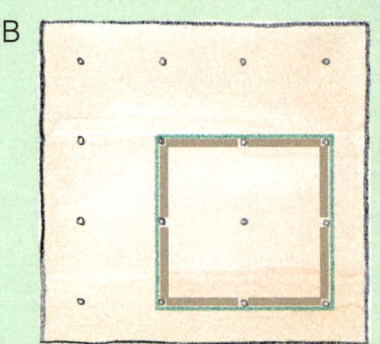

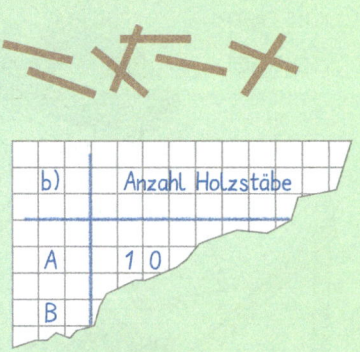

b)	Anzahl Holzstäbe
A	1 0
B	

b) Zählt die Holzstäbe, vergleicht und notiert.

2 Wie viele Holzstäbe passen um jede Figur?
Spannt, legt die Holzstäbe und vergleicht.

A  B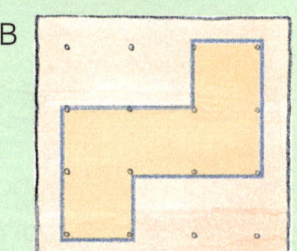

> Mit den Holzstäben kannst du den Umfang einer Figur feststellen.
>
> Je mehr Holzstäbe du brauchst, desto größer ist der Umfang.

C 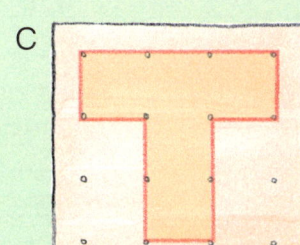 D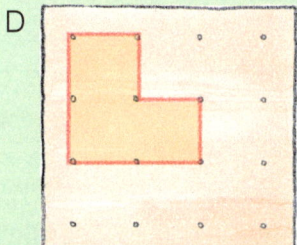

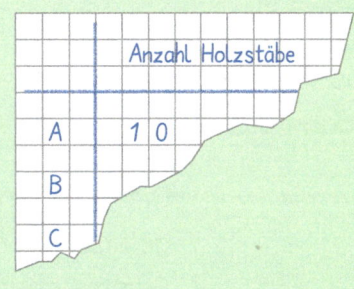

	Anzahl Holzstäbe
A	1 0
B	
C	

Zum Knobeln

3 a) Spannt eine Figur mit einem Flächeninhalt von 5 Maßquadraten. Wie groß ist der Umfang?

Sucht weitere Figuren mit einem Flächeninhalt von 5 Maßquadraten. Verändert sich der Umfang?

b) Spannt eine Figur mit einem Umfang von 12 Holzstäben. Wie groß ist der Flächeninhalt?

Sucht weitere Figuren mit einem Umfang von 12 Holzstäben. Verändert sich der Flächeninhalt?

c) Spannt eine Figur mit einem Flächeninhalt von 4 Maßquadraten und einem Umfang von 10 Holzstäben. Gibt es mehrere Möglichkeiten?

Bei Flächeninhalt und Umfang...

1 Adin untersucht Insektenbilder mit dem Spiegel.

Sarah untersucht Spiegelbilder.

Kannst du das auch?

Mara macht Klecksbilder.

Paul bastelt Klappkarten.

2 Stelle selbst Klappkarten her. Falte ein Papier und zeichne die Hälfte deines Bildes auf. Schneide dann aus.

Die Linie, an der die Karte gefaltet ist, nennt man Symmetrieachse.

Die beiden Hälften sind gleich. Sie sind achsensymmetrisch.

3 a) Macht mit euren achsensymmetrischen Bildern eine Ausstellung.

b) Sucht achsensymmetrische Bilder und Gegenstände in der Umwelt für eure Austellung.

4 Mara hat Klecksbilder und Lochbilder gemacht. Welche gehören zusammen?

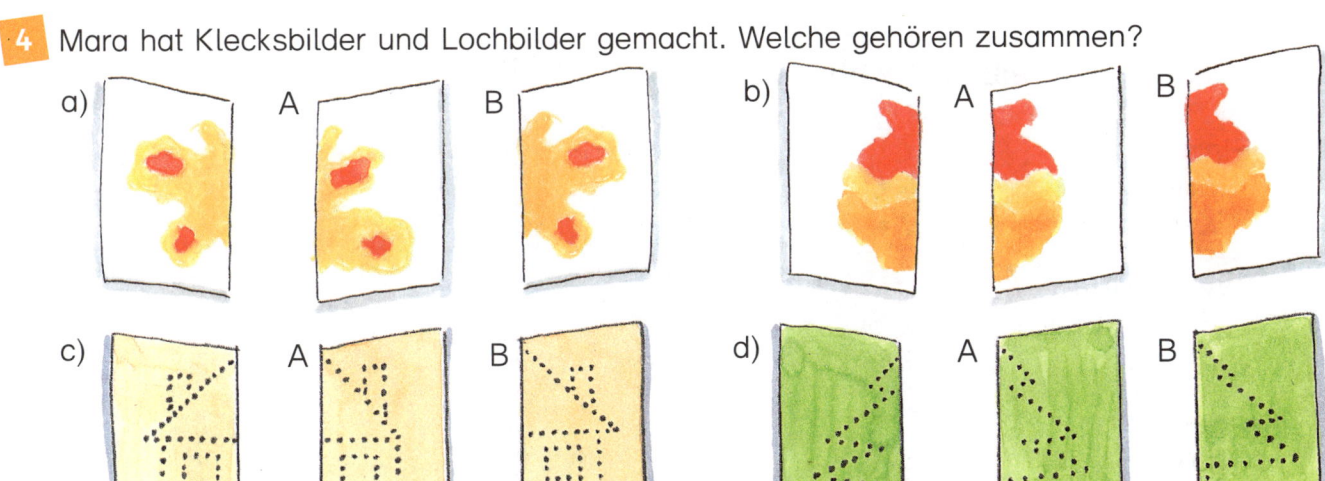

a)   A   B   b)   A   B

c)   A   B   d)   A   B

5 Stelle wie Sarah einen Spiegel so auf das erste Bild, dass die anderen Bilder entstehen. In einer Reihe ist ein Fehler.

a)

b)

c)

6 a) Mara und Adin legen achsensymmetrisch im Hunderterfeld. Erklärt.

b) Legt auch achsensymmetrisch im Hunderterfeld und prüft mit dem Spiegel. Besprecht eure Fehler.

Bei der Achsensymmetrie...

Preise Höhenfreibad Hochberg

Einzelkarte
Erwachsene	4 €
Kinder	2 €

Zehnerkarte
Erwachsene	32 €
Kinder	17 €

Jahreskarte
Erwachsene	48 €
Kinder	25 €

1 Herr Schmidt kauft Jahreskarten für drei Kinder. Er bezahlt mit einem 100-Euro-Schein.

Wie löst du die Aufgabe? Besprecht und vergleicht eure Lösungswege.

Felix erklärt:

Zuerst überlege ich: Wie heißt die Frage?

Dann: Wie viel kostet eine Jahreskarte für Kinder?

Als dritter Schritt: Wie viel kosten drei Jahreskarten?

Zum Schluss: Wie viel bekommt er zurück?

2 Frau Maurer kauft für sich eine Zehnerkarte und für ihre beiden Kinder Jahreskarten. Sie bezahlt mit einem 100-Euro-Schein.

Überlege die Frage und die Rechenschritte. Löse dann die Aufgabe.

3 Vergleiche die Eintrittspreise.
a) Wie viel kosten zehn Einzelkarten für Kinder? Wie viel spart man mit einer Zehnerkarte?
b) Vergleiche auch die Einzelkarten und Zehnerkarten für Erwachsene.

Erfindet Aufgaben zum Freibad.

Zehnerkarte: Das sind 10 Einzelkarten.

4 Herr Konrad kauft zwei Jahreskarten für Erwachsene und zwei Jahreskarten für Kinder. Reichen 100 €?

100 Euro reichen nicht, denn die Karten für die Kinder kosten...

Überlegt weiter.

5 Überlege, antworte, begründe.
a) Frau Bauer kauft eine Jahreskarte für Erwachsene und zwei für Kinder. Reichen 100 €?
b) Eine Klasse mit 24 Kindern geht ins Freibad. Reichen für den Eintritt zwei 10-Euro-Scheine?

Erdbeere   Schoko   Vanille   Zitrone   Apfel

1 Pauls Lieblingssorten sind
Erdbeere, Schoko und Vanille.
Er möchte zwei Kugeln.

a) Welche Möglichkeiten hat er? Male.

   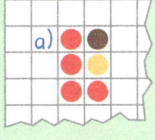

b) Wie viele Möglichkeiten gibt es mit gleichen Eissorten?
c) Wie viele Möglichkeiten gibt es mit verschiedenen Eissorten?

2 Sven mag die vier Sorten Erdbeere, Schoko, Vanille und Apfel gerne.
Sein Geld reicht aber nur für zwei Kugeln.

a) Welche Möglichkeiten gibt es?
b) Wie viele Möglichkeiten gibt es mit gleichen Eissorten?
c) Wie viele Möglichkeiten gibt es mit verschiedenen Eissorten?

3 Pia wählt aus den Sorten Erdbeere, Schoko und Vanille. Sie kauft drei Kugeln.

a) Welche Möglichkeiten gibt es? Male.
b) Wie viele Möglichkeiten gibt es mit gleichen Eissorten?
c) Wie viele Möglichkeiten gibt es mit verschiedenen
Eissorten?

4

Tom steht zwischen Carina und Mia.
Paul ist der Erste in der Reihe.
Carina steht hinter Tom.
Wie heißt das Mädchen mit der Brille?

5 Wem gehört welches Eis?
Tom isst nur Schoko. Mia mag keine Vanille.
Paul isst gerne Erdbeere, Schoko und Vanille.
Carina mag nur Erdbeere.

A   B   C   D

1

Welche Außenzahlen fehlen?

Welche Innenzahl fehlt?

46   25 11

26

36   44   32

31

21   26

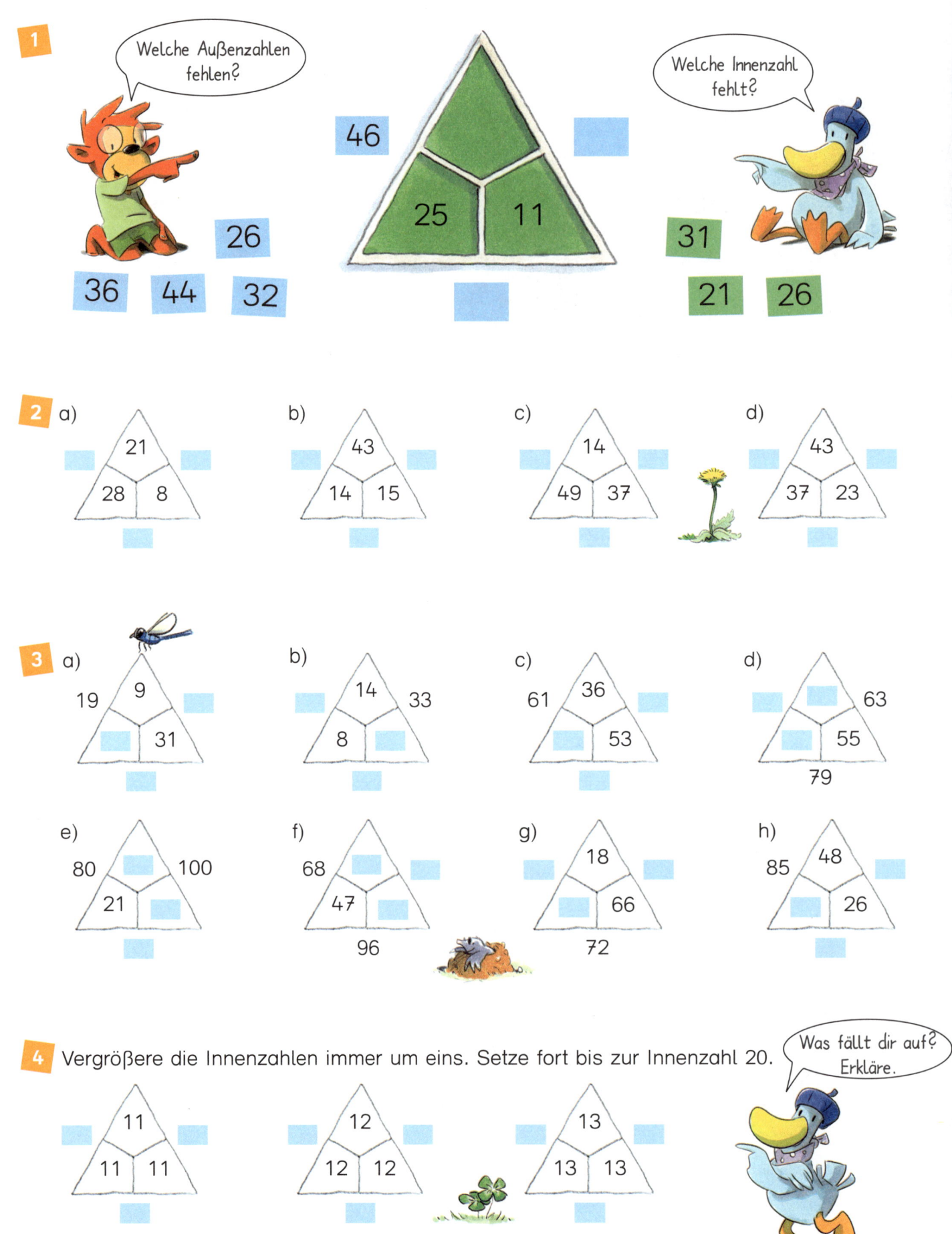

2 a)
21
28   8

b)
43
14   15

c)
14
49   37

d)
43
37   23

3 a)
19   9
31

b)
14   33
8

c)
61   36
53

d)
63
55
79

e)
80   100
21

f)
68
47
96

g)
18
66
72

h)
85   48
26

4 Vergrößere die Innenzahlen immer um eins. Setze fort bis zur Innenzahl 20.

Was fällt dir auf? Erkläre.

11
11   11

12
12   12

13
13   13

5 Wie viele Rechendreiecke findest du mit den Innenzahlen 11, 12 und 13?

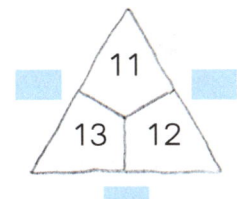
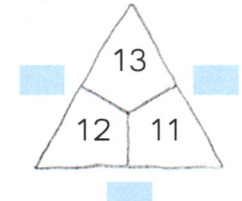

6 Erfinde Rechendreiecke. Die drei Innenzahlen müssen immer 30 ergeben. Was ergeben die drei Außenzahlen?

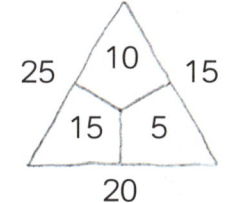

Innenzahlen:
15 + 5 + 10 = 30

Außenzahlen:
20 + 25 + 15 =

7 Finde die fehlenden Zahlen.

a)
21
9

b)
16
25

c)
22 / 12

Alle Außenzahlen ergeben ___.
Alle Innenzahlen ergeben 39.

Alle Außenzahlen ergeben 80.
Alle Innenzahlen ergeben ___.

Alle Außenzahlen ergeben 66.
Alle Innenzahlen ergeben ___.

8

 Kann das stimmen?

a) Wenn alle Innenzahlen ungerade sind, dann sind alle Außenzahlen gerade.

b) Wenn alle Innenzahlen gerade sind, dann sind auch alle Außenzahlen gerade.

c) Wenn alle Innenzahlen ungerade sind, dann sind auch alle Außenzahlen ungerade.

d) Wenn alle Innenzahlen gerade sind, dann sind alle Außenzahlen ungerade.

6 und 7 Die Summe der Außenzahlen ist jeweils das Doppelte der Summe der Innenzahlen.
6 und 8 Forscherheft verwenden.

Januar

Februar

1 Untersuche den Jahreskreis. Jede Perle steht für einen Tag.
a) Wie viele Monate hat ein Jahr?
b) Wie heißen die Monate?

2 So findest du
die Monate mit **31 Tagen**.
Schreibe sie der Reihe nach auf.
Achte auf die Knöchel.

Dezember

3 Schreibe zu jedem Monat einen Steckbrief.

1. Monat	2. Monat	3. Monat	4. Monat	
Januar	**Februar**			
31 Tage	Tage	Tage		...

Winter

Herbst

4 Schreibe ausführlich.

17.11.

1	7	.	1	1	.
1	7	.	November		

01.02.   30.03.   24.12.   01.06.

15.10.   23.08.   31.12.

November

5 Schreibe das Datum kürzer.
a) 11. März   b) 1. September   c) 8. Februar
   15. Juni   30. Dezember   28. Februar
   31. Mai   27. Oktober   12. August
   24. Juli   11. November   19. September
   1. April   4. Mai   9. Juli

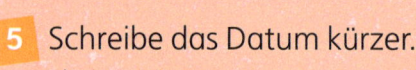

6 Welcher Wochentag ist es in diesem Jahr? Schaue in einen Kalender.
a) 1. Januar   b) 13. März   c) 1. Mai   d) Erster Tag der großen Ferien

e) Erster Schultag nach den großen Ferien   f) 24. Dezember   g) Silvester

h) Tag der Deutschen Einheit   i) 1. Advent   j) Muttertag

Oktober

September

1 Jahreskette herstellen. Monatsnamen zuordnen. 4 Am Jahreskreis oder am Kalender orientieren.

März

April

Mai

7 a) An welchem Wochentag haben die Kinder
in diesem Jahr Geburtstag?

Tilo — 3. Jan.
Marie — 6. Mai
Soner — 15. April
Lara — 30. März
Sven — 25. Nov.

b) An welchem Wochentag haben die meisten Kinder deiner Klasse
in diesem Jahr Geburtstag? Mache eine Strichliste.

8 In welchem Monat haben die Kinder eurer Klasse Geburtstag?
Macht eine Strichliste.
a) In welchem Monat haben die meisten Kinder Geburtstag?
b) In welchem Monat haben die wenigsten Kinder Geburtstag?

9 Tierkreiszeichen

Steinbock
22.12. – 20.01.

Wassermann
21.01. – 18.02.

Fische
19.02. – 20.03.

Widder
21.03. – 20.04.

Stier
21.04. – 20.05.

Zwillinge
21.05. – 21.06.

Krebs
22.06. – 22.07.

Löwe
23.07. – 23.08.

Jungfrau
24.08. – 23.09.

Waage
24.09. – 23.10.

Skorpion
24.10. – 22.11.

Schütze
23.11. – 21.12.

a) In welchem Tierkreiszeichen bist du geboren?
b) Welche Tierkreiszeichen haben die Kinder deiner Klasse?

10 a) Wie viele Wochen hat das Jahr?
b) Wie viele Wochen und Tage dauern die Sommerferien?
c) Gibt es mehr Schultage oder mehr schulfreie Tage im Jahr?

Frühling

Sommer

Juni

August

Juli

1

1 Tag hat 24 Stunden.

7 Uhr morgens
07:00 Uhr

7 Uhr abends
19:00 Uhr

2 Wie spät ist es? Achte auf den roten Stundenzeiger.

Der Tag beginnt um Mitternacht 00:00 Uhr.

a)

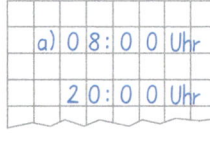
a) 0 8 : 0 0 Uhr
   2 0 : 0 0 Uhr

b)
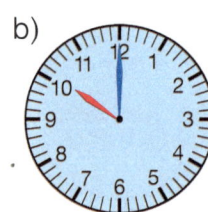

c)
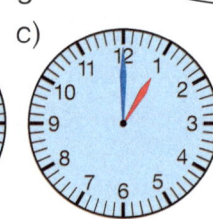

d)

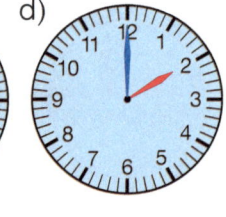

3 Der große Zeiger ist der Minutenzeiger.

15 Minuten sind vergangen.

Es war 08:00 Uhr.   Jetzt ist es 08:15 Uhr.

Eine Viertelstunde hat 15 Minuten.

Es war 08:00 Uhr.   Jetzt ist es 08:30 Uhr.

Eine halbe Stunde hat 30 Minuten.

Es war 08:00 Uhr.   Jetzt ist es ▢ Uhr.

Eine Dreiviertelstunde hat 45 Minuten.

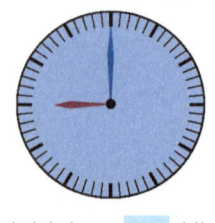

Es war 08:00 Uhr.   Jetzt ist es ▢ Uhr.

Eine Stunde hat 60 Minuten.

4

a) Es ist neun Uhr. Wie spät ist es in 30 Minuten?

b) Wie spät ist es in 15 Minuten?

c) Wie spät ist es in 45 Minuten?

d) Wie spät ist es in 60 Minuten?

5 Wie spät ist es? Stelle die Zeiger auf deiner Lernuhr.

a) 08:15   b) 05:15   c) 10:45   d) 12:30   e) 13:45

f) 16:30   g) 18:00   h) 20:45   i) 21:30   j) 00:15

k) Nennt euch gegenseitig Uhrzeiten. Stellt sie auf eurer Uhr ein.

6 Wie spät ist es? Schreibe immer beide Uhrzeiten.

Wie spät ist es in zwei Stunden?

a) 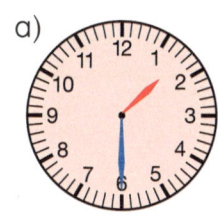 01:30 Uhr 13:30 Uhr

b) 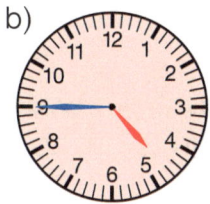   c) 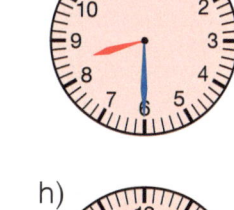   d)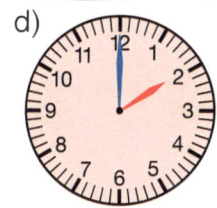

e) 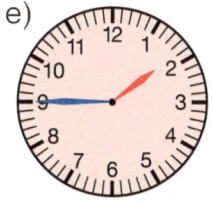   f) 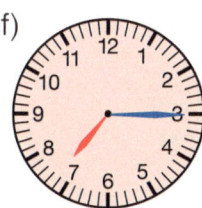   g)    h) 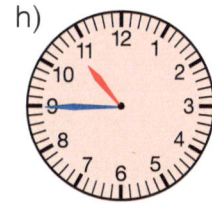   i)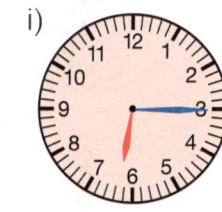

W

7
a) 10 · 8   b) 5 · 6   c) 1 · 7   d) 2 · 4   e) 9 · 9
8 · 8   4 · 6   0 · 7   4 · 4   8 · 9
5 · 8   2 · 6   2 · 7   8 · 4   5 · 9
4 · 8   10 · 6   4 · 7   7 · 4   6 · 9

8
a) Bilde fünf Malaufgaben, deren Ergebnis kleiner als 20 ist.
b) Bilde fünf Malaufgaben, deren Ergebnis größer als 30 ist.
c) Bilde fünf Geteiltaufgaben, deren Ergebnis kleiner als 5 ist.
d) Bilde fünf Geteiltaufgaben, deren Ergebnis größer als 5 ist.

1 Probiert aus:

Eine Minute ganz still sitzen.

Eine Minute sich gegenseitig ansehen ohne zu lachen.

Eine Minute auf einem Bein stehen.

Eine Minute zählen.

Eine Minute Kniebeugen machen.

2 Wie viele Minuten sind vergangen?

a)

10:00 Uhr → 15 min → ☐ Uhr

b)

☐ Uhr → ☐ min → ☐ Uhr

c)

☐ Uhr → ☐ min → ☐ Uhr

d)

☐ Uhr → ☐ min → ☐ Uhr

		1	5	min		
a)	1 0 : 0 0 Uhr			→	1 0 :	

3 a)  Lisa macht ihre Hausaufgaben von 14:30 bis 15:00 Uhr.

→ min →

a)	1 4 : 3 0 Uhr	→	1 5 :

b)  Die Mathematikstunde dauert von 08:00 Uhr bis 08:45 Uhr.

→ min →

c)  Die Pause dauert von 09:30 Uhr bis 09:45 Uhr.

→ min →

d) Besprecht, welche Zeitspanne am längsten dauert. Ordnet.

4  Wie viele Minuten Pause hast du an einem Schultag?

1

Eltern-Information Busplan der Schule Landing	
Ort	
Schönau	ab 07:20 Uhr
Albach	ab 07:24 Uhr
Großdorf	ab 07:29 Uhr

a) Schreibe den Busplan fertig.

b) Wie viele Minuten braucht der Bus zwischen den einzelnen Haltestellen?

c) Wie viele Minuten braucht der Bus von Schönau nach Landing?

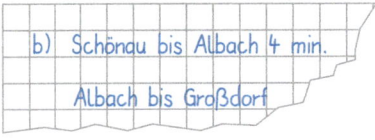

b) Schönau bis Albach 4 min.
Albach bis Großdorf

2 a) Hannah ist um 07:25 Uhr an der Haltestelle in Großdorf. Wie viele Minuten muss sie auf den Bus warten?

b) Karla sitzt bis zur Schule 7 Minuten im Bus. Wo steigt sie ein?

c) Weil es stark regnet, fährt der Bus erst um 07:45 Uhr in Obereich ab. Wie viele Minuten Verspätung hat er?

d) Es ist 07:34 Uhr. Zwischen welchen zwei Orten fährt der Bus?

e) Wann fährt der Bus ungefähr an der Baustelle vorbei?

f) Fabians Mutter überholt den Bus zwischen Großdorf und Kaldorf. Wie spät ist es ungefähr?

Erfinde eigene Rechengeschichten zum Busplan.

3 Schreibe die Buspläne für die Rückfahrt. Die einzelnen Fahrzeiten bleiben gleich.

Rückfahrt nach der 4. Stunde Abfahrt in Landing um 11:20 Uhr	
Ort	
Landing	ab 11:20 Uhr
Obereich	ab 11:24 Uhr

Rückfahrt nach der 5. Stunde Abfahrt in Landing um 12:15 Uhr	
Ort	
Landing	ab 12:15 Uhr

Rückfahrt nach der 6. Stunde Abfahrt in Landing um 13:00 Uhr	
Ort	

4 Wie viele Minuten brauchst du zur Schule?

5 Schreibe Rechengeschichten zu den Aufgaben.

| von 12:30 Uhr bis 13:00 Uhr |

| von 17:15 Uhr bis 18:00 Uhr |

Beim Rechnen mit Zeiten...

Wassily Kandinsky

Wo sehen die Kinder im Bild die Figuren?
Zeigt.

Ich sehe ein grünes Dreieck.

Ich sehe 9 kleine Quadrate.

Ich sehe 9 blaue Kreise.

Ich sehe …

Stellt euch Suchaufgaben.

Ines

Welche Formen hat Ines verwendet?
Beschreibt sie.

Leon

Wie viele Vierecke, Dreiecke und
Kreise hat Leon gezeichnet?
Lege eine Tabelle an.

 a) Gestalte ein Bild nur aus Dreiecken.
b) Gestalte ein Bild nur aus Vierecken.

Verwende zum Zeichnen
immer ein Lineal.

Fächerübergreifend über Formen und Ästhetik sprechen. 3 Verschiedene Vierecke unterscheiden:
unregelmäßiges Viereck, Rechteck, Quadrat. 4 Bilder in einer Ausstellung präsentieren.

1 Erklärt, wie das Muster entsteht.

2 Überlege, wie das Muster entsteht. Übertrage es in dein Heft und setze fort.

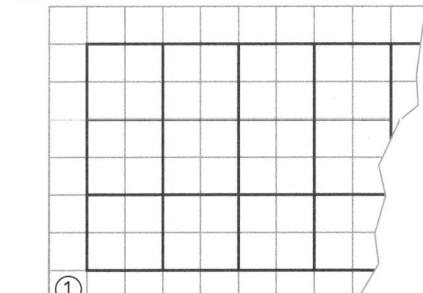

①

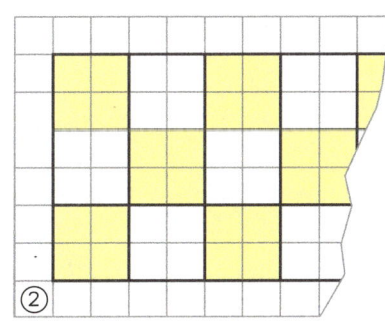

②

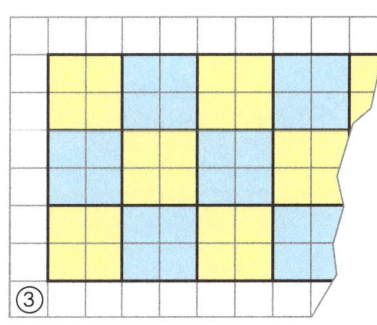

③

3

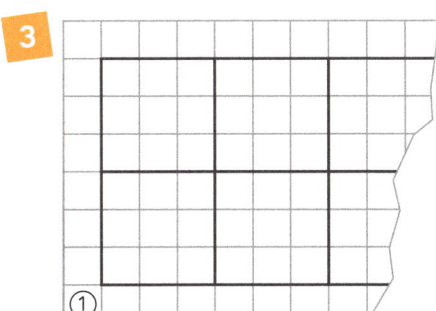

①

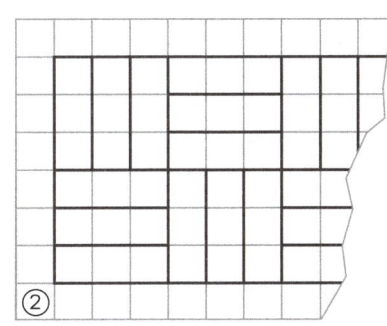

②

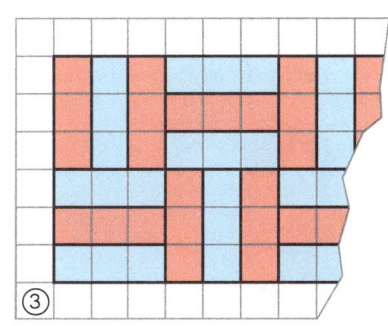

③

4 Zeichne die Muster in dein Heft und setze sie fort.

a)

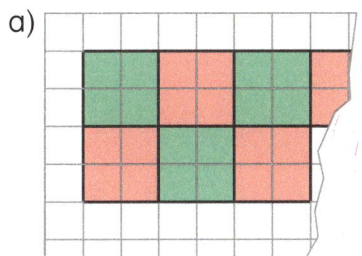

b)

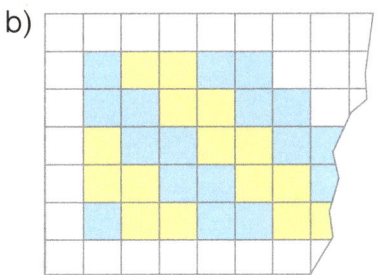

c)

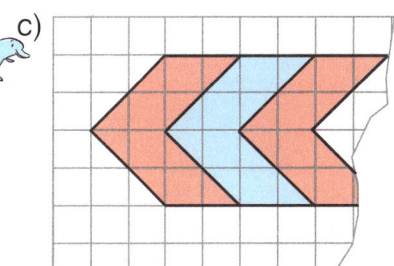

5

Erfinde selbst Muster. Macht eine Ausstellung.
Besprecht, ob ihr Fehler in den Mustern entdeckt.

1 Alle Kinder einer Schule wurden zum Thema Frühstück befragt.

Klasse	ich frühstücke		
	zu Hause	in der Schule	gar nicht
1	ⵌⵌ ⵌ	ⵌ	|||
2a	ⵌ		ⵌ ||||		
2b	ⵌ ||||	ⵌ		||
3	ⵌ |||	ⵌ ⵌ			
4	ⵌ	ⵌ ||||	ⵌ ||

a) Wie viele Kinder der Klasse 2a frühstücken in der Schule?
b) In welcher Klasse frühstücken die meisten Kinder in der Schule?
c) Wie viele Kinder frühstücken in der Schule?
d) Wie viele Kinder sind insgesamt in der Schule?

Finde weitere Fragen. Rechne und antworte.

2 Überprüft mit Hilfe der Tabelle. Entscheidet. Richtig ☺ oder falsch ☹ ?

a) 12 Viertklässler frühstücken zu Hause.

b) 15 Zweitklässler frühstücken in der Schule.

c) 14 Kinder frühstücken gar nicht.

d) Die meisten Kinder frühstücken in der Schule.

e) Die vierte Klasse hat die meisten Schüler.

f) In der dritten Klasse sind 20 Kinder.

g) An der Schule sind 33 Zweitklässler.

h) Alle Kinder essen mittags zu Hause.

3 Die Klasse 2b will ein gesundes Frühstück zubereiten. Carina hat in einer Strichliste die Wünsche der Kinder notiert. Paul und Max haben es anders aufgeschrieben.

Zeichne und ergänze die Darstellungen von Paul und Max.

2 Eine Aussage kann nicht mit der Tabelle überprüft werden.

1 Nehmt zwei Säckchen und füllt sie wie im Bild.

Versuch A

Versuch B

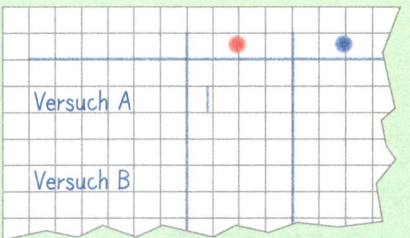

Zieht 20-mal. Zieht immer eine Perle.

Legt nach jedem Zug die Perle wieder zurück.

Notiert die Ergebnisse in einer Strichliste und vergleicht.

2

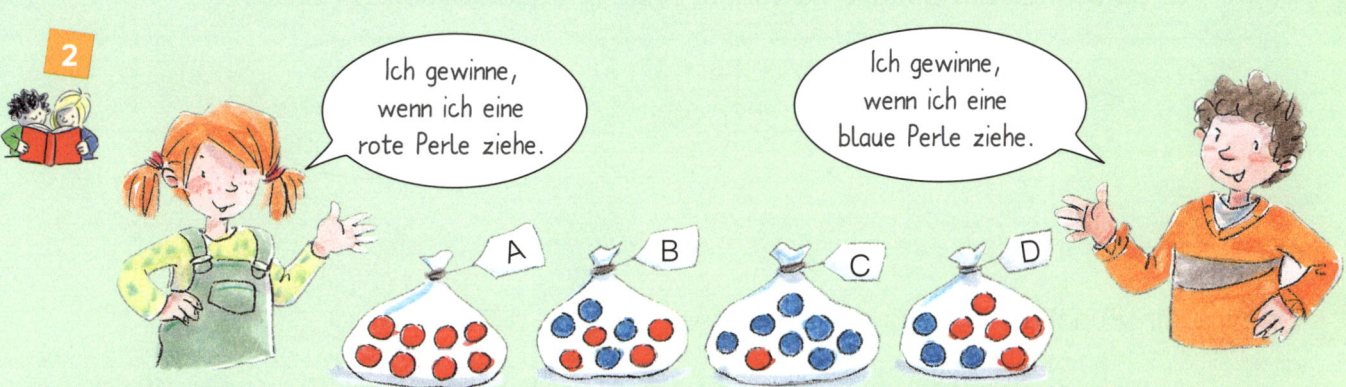

Ich gewinne, wenn ich eine rote Perle ziehe.

Ich gewinne, wenn ich eine blaue Perle ziehe.

Überlegt.

a) Bei welchem Säckchen gewinnt Carina sicher?

b) Bei welchem Säckchen kann Paul unmöglich gewinnen?

c) Bei welchem Säckchen ist die Gewinnchance für Paul am höchsten?

d) Wo ist die Gewinnchance für beide Spieler gleich hoch?

3 Male immer acht passende Perlen in ein Säckchen.

a) Max: Ich ziehe sicher eine blaue Perle.

b) Peter: Es ist unmöglich, dass ich eine blaue Perle ziehe.

c) Mia: Es ist möglich, dass ich eine blaue Perle ziehe.

d) Paul: Ich habe die gleiche Gewinnchance wie Mia.

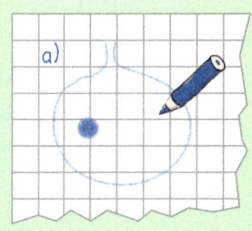

4 Vermute: Welches Säckchen gehört zu welcher Strichliste?

a)   b)   c)   d)

A

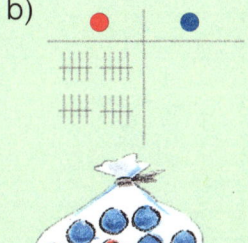
B

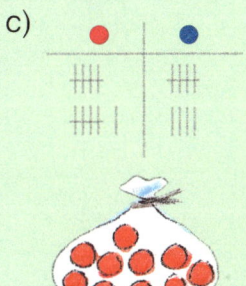
C

D

Beim Einschätzen von Gewinnchancen...

2 Von der Farbverteilung der Perlen in den Säckchen Bezüge zu Gewinnchancen herstellen.

3 c) Mehrere Lösungen möglich.

In diesem Sudoku gelten diese Regeln:

> Die Zahlen von 1 bis 4 dürfen
> immer nur einmal vorkommen:
> – in jeder Zeile
> – in jeder Spalte
> – in jedem Block

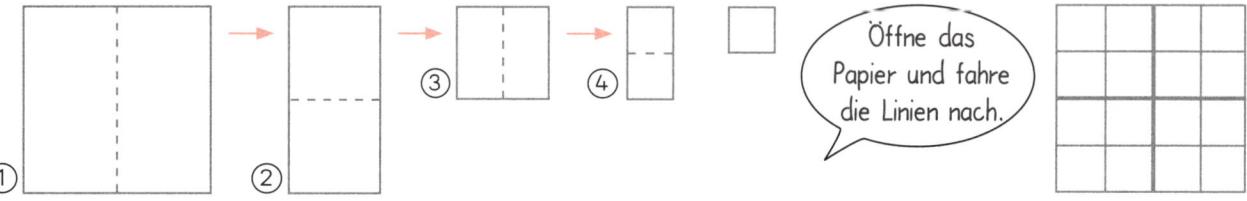

3	4	1	2
2	1	4	3
1	2	3	4
4	3	2	1

← Block
← Zeile
↑ Spalte

1 So kannst du schnell ein Sudoku zeichnen: Falte ein quadratisches Papier.

Öffne das Papier und fahre die Linien nach.

2 Zeichne ein Sudokufeld, trage die Zahlen ein und löse das Sudoku.

a)

3	4	2	1
1			
4			2
2			3

b)

4		2	1
	2	3	4

c)

3		2	4
	2		
		3	1

d)

	1		
2	3		1
		2	
		1	

e)

			4
2	4	3	
		2	4

f)

		3	2
	4		3
2		1	

3 In jedem Sudoku ist ein Fehler. Beschreibt.

a)

2	4	3	1
3	1	4	2
3	2	1	3
1	3	2	4

b)

1	4	3	1
3	2	1	4
2	1	4	3
4	3	2	1

c)

1	2	3	4
3	4	1	2
4	1	2	3
2	3	4	2

3 Mündlich lösen.

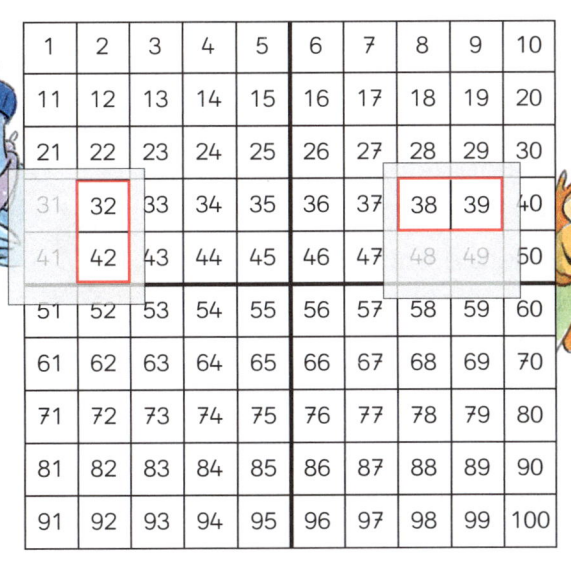

1 Zeigt an der Hundertertafel.

a) die geraden Zahlen

b) die ungeraden Zahlen

c) die einstelligen Zahlen

2 Benachbarte Zahlenpaare. Rechne plus.

a) 32 / 42

b) 30 / 40

c) 15 / 25

d) 17 / 27

e) 38 | 39

f) 44 | 45

g) 13 | 14

h) 26 | 27

27 40 44 53 70 74 77 89

3 Bilde mit benachbarten Zahlen Plusaufgaben. Die Ergebnisse verraten, ob die beiden Zahlen nebeneinander ☐☐ oder untereinander ☐ stehen. Erklärt.

Tipp:
Denkt an gerade und ungerade Zahlen.

4 Suche benachbarte Zahlenpaare zu den Ergebnissen von Plusaufgaben. Überlege erst, ob die Zahlen nebeneinander oder untereinander stehen.

a) 22   a) 6 + 1 6 = 2 2   b) 50   c) 99   d) 89   e) 16   f) 56   g) 95   h) 80

5 Bilde immer mit drei nebeneinander liegenden Zahlen Plusaufgaben.

a) Ergebnis 36

b) Ergebnis 39

c) Ergebnis 66

d) Ergebnis 96

6 Suche immer zwei Zahlen, die zusammen 100 ergeben.

99 + 1 = 100

98 + 2 = 100

97 +

Überlege und begründe, welche zwei Zahlen übrig bleiben.

7  **Kann das stimmen?**

a) Alle Zahlen in der Hundertertafel sind zweistellig.

b) Alle Zahlen in der Hundertertafel, die in einer Zeile stehen, haben denselben Zehner.

c) In der Hundertertafel gibt es gleich viele gerade wie ungerade Zahlen.

d) Manche Zahlen gibt es doppelt in der Hundertertafel.

e) Alle Zahlen, die in der Hundertertafel untereinander stehen, haben denselben Einer.

f) Zwei Zahlen stehen nebeneinander. Zusammen ergeben sie 20.

1 bis **5** Hundertertafel nutzen. **2** Eigene Zahlenpaare bilden. **3** Begründen, warum zwei Zahlen nebeneinander immer ein ungerades Ergebnis haben und zwei Zahlen untereinander ein gerades. **3** und **6** Forscherheft verwenden. **7** Zwei Aussagen sind richtig.

1 Lege diese Figur.

a) Lege vier Stäbchen um.
Es sollen drei Quadrate entstehen.

b) Lege drei Stäbchen um.
Es sollen drei Quadrate entstehen.

c) Lege vier Stäbchen um.
Es sollen zwei Quadrate entstehen.

d) Nimm zwei Stäbchen weg,
so dass zwei Quadrate entstehen.

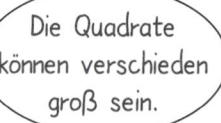

Die Quadrate können verschieden groß sein.

2 Lege diese Figur.

a) Lege drei Stäbchen um.
Es sollen vier Dreiecke entstehen.

b) Lege zwei Stäbchen um.
Es sollen vier Dreiecke entstehen.

3

a) Lisa und Marco haben zusammen 40 Stäbchen. Marco hat dreimal so viele wie Lisa.
Wie viele Stäbchen hat jeder?

b) Eva hat 17 Stäbchen. Wenn sie Jan eines abgeben würde, hätte sie doppelt so viele wie er.
Wie viele Stäbchen hat Jan?

c) Lea hat weniger Stäbchen als Sven aber mehr als Nina. Wer besitzt die meisten Stäbchen, wer die wenigsten? Ordne.

d) Ronja hat 12 Stäbchen. Wenn sie Tom zwei abgeben würde, hätten sie gleich viele.
Wie viele Stäbchen hat Tom?

e) Ali und Oliver haben zusammen 99 Stäbchen. Ali hat doppelt so viele Stäbchen wie Oliver. Wie viele Stäbchen hat jeder?

4 Wer ist wer?

Ben sitzt neben Ina.
Enno sitzt zwischen Lisa und Ina.
Ben ist acht Jahre alt.
Rica sitzt neben Lisa,
aber nicht neben Enno.
Rica hat die Nummer 5.

1 Frage – rechne – antworte.

Rechengeschichten 2b

In der Turnhalle sind 5 Bänke.
Auf vier Bänken sitzen je 4 Kinder.
Auf der 5. Bank sitzen 2 Kinder.
Stefan

Unsere Lehrerin kauft 8 Packungen
Stifte. In jeder Packung sind 6 Stück.
Jonas

Ein Garderobenschrank wird von
5 Kindern benutzt. Wir sind 28 Kinder.
Mia

Ich stecke mit Steckwürfeln 7
Zehnerstangen zusammen.
3 Würfel bleiben übrig.
Lara

Mein Buch hat 48 Seiten.
Ich will täglich 6 Seiten lesen.
Nicolai

In unserem Klassenzimmer stehen
fünf Vierertische, ein Zweiertisch
und ein Einzeltisch.
Kathrin

In der Aula sind 8 Stuhlreihen
aufgestellt. In jeder Reihe
stehen 8 Stühle.
Paul

36 Kinder bilden Sechsergruppen.
Sebastian

Meine Zahl ist um 2 größer
als das Siebenfache von 4.
Theresa

2 Schreibe zu den Aufgaben Rechengeschichten.

a) $10 \cdot 5$ b) $2 \cdot 6$ c) $40 : 10$ d) $10 : 2$ e) $5 \cdot 3 + 2$ f) $7 \cdot 4 - 3$

3 Schreibe die Geschichten ab. Setze fehlende Zahlen ein.

a) 18 Kinder bilden Sechsergruppen. Es gibt ♥ Gruppen.

b) Paul baut aus ♥ Steckwürfeln 6 Vierertürme.

c) ♥ Kinder stellen sich in 9 Zweierreihen auf.

d) Anne verteilt 27 Karten an 3 Kinder. Jedes Kind bekommt ♥ Karten.

e) Mara hat 32 Karten. Sie gibt jedem der 5 Kinder 6 Karten. ♥ Karten bleiben übrig.

f) 15 Kinder bilden ♥ Gruppen. In jeder Gruppe sind ♥ Kinder.

1 Die Einmaleinstafel.

Hier die vier.

Hier die drei.

Ich rechne 4 · 3. In der Tafel schreibe ich 12.

·	1	2	3	4	5	6	7	8	9	10
1		2			5					10
2	2	4	6	8	10	12	14	16	18	20
3		6		15						30
4		8	12	20						40
5	5	10	15	20	25	30	35	40	45	50
6		12		30	36					60
7		14		35		49				70
8		16		40			64			80
9		18		45				81		90
10	10	20	30	40	50	60	70	80	90	100

Welche Aufgabe gehört zu den Feldern?

a) 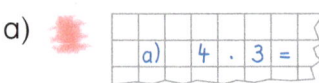   b)   c)   d)   e)   f)   g)

2 Schreibe die Aufgaben zu den grünen Feldern und rechne.

a) 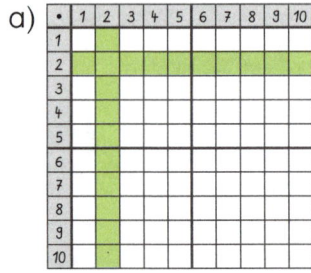 b) 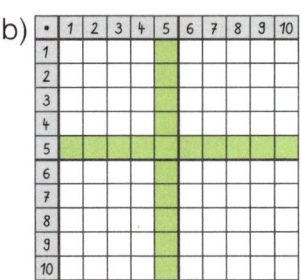 c) 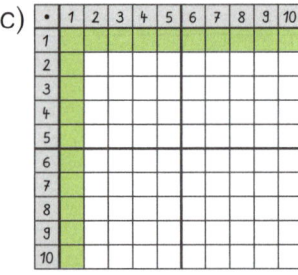 d)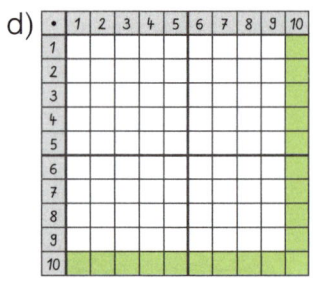

e) 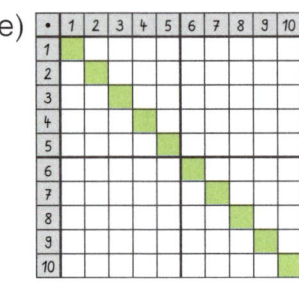 f) 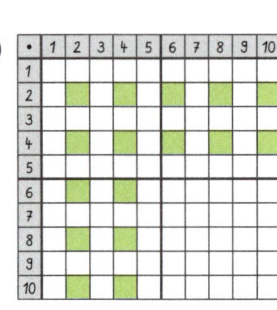 g) 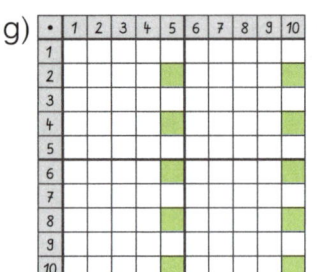 h)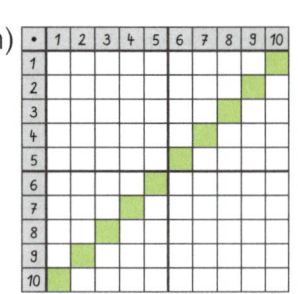

3 Welches Muster ergeben die Aufgaben in der Einmaleinstafel?
Suche Aufgaben, die das gleiche Muster ergeben.

a) 5 · 3, 4 · 4, 5 · 5, 6 · 4

b) 8 · 7, 7 · 8, 8 · 9, 8 · 8

c) 3 · 7, 3 · 9, 5 · 7, 5 · 9

d) 6 · 3, 7 · 2, 7 · 3, 7 · 4, 8 · 3

e) 7 · 8, 7 · 9, 7 · 10, 8 · 8, 8 · 10, 9 · 8, 9 · 9, 9 · 10

·	1	2	3	4
1	1·1	1·2	1·3	1·4
2	2·1	2·2	2·3	2·4
3	3·1	3·2	3·3	3·4
4	4·1	4·2	4·3	4·4
5	5·1	5·2	5·3	5·4

Die kleinere Nachbaraufgabe ist nur um 3 kleiner.

Die größere Nachbaraufgabe ist nur um 3 größer.

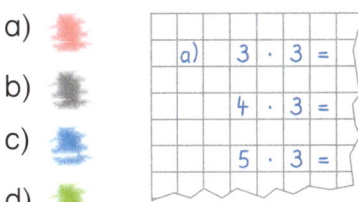

4 Rechne die Aufgaben, die kleinere und die größere Nachbaraufgabe.

a)
b)
c)
d)
e)
f)
g)

a) 3 · 3 =
4 · 3 =
5 · 3 =

5 Welche Aufgaben gehören zu den markierten Feldern? Rechne.
Zähle immer die Ergebnisse der blauen Felder zusammen.
Mache dies auch bei den roten Feldern. Vergleiche.

a) 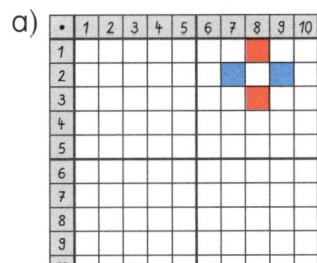 b) 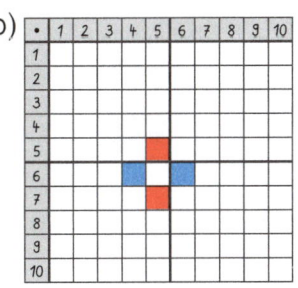 c) 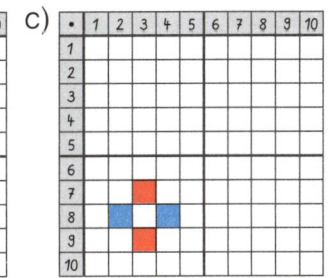 d)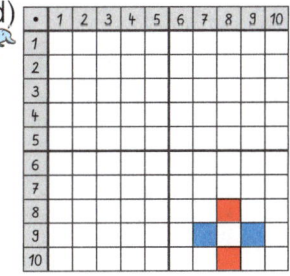

6 Im grünen Feld steht immer eine Quadrataufgabe. Rechne.
Vergleiche immer mit den Ergebnissen der Aufgaben in den lila Feldern.

a) b) 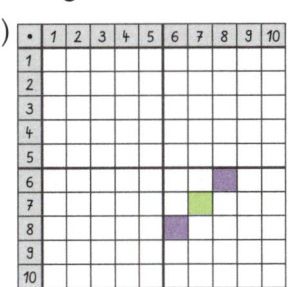 c) 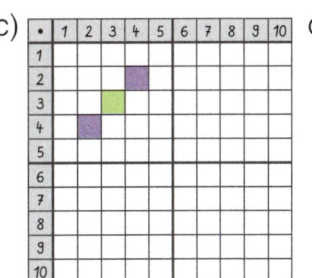 d)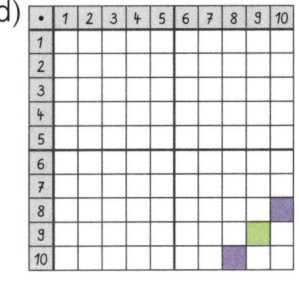

7   6 · 9 =

·	1	2	3	4	5	6	7	8	9	10
1										
2										
3										
4										
5										
6										
7										
8										
9										
10										

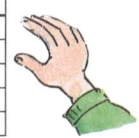

Einer sagt eine Malaufgabe.
Der andere zeigt sie.

Beim Rechnen in der Einmaleinstabelle...

5 und **6** Figuren auf weitere Stellen der Einmaleinstafel verschieben und rechnen.

1 Manche Rechengeschichten waren schon fertig. Leider hat es Tintenkleckse darauf gegeben. Ergänze und schreibe die Rechengeschichten ab.

a) Maria ist 9 Jahre alt. Ihre Schwester ist ▮ ▮ Jahre jünger. Wie alt ist die ▮ ▮ er?

b) Tom hat 50 Murmeln. Er verliert beim Murmelspiel ▮ ▮ eln. Wie viele hat ▮ ▮ ?

c) Ben kauft ein Heft f▮ ▮ und einen ▮ für 25 ct. Wie viel muss er bezahlen?

d) In der Klasse 2a haben 10 Kinder einen Hund. Eine Katze haben ▮ ▮ er weniger. Wie viele haben eine ▮ ▮ ?

e) Jeder der sieben Zwerge hat ▮ ▮ zen. Wie viele ▮ ▮ zen sind im Schrank?

Löse dann die Rechengeschichten.

2 Die Kinder haben zu einer Rechnung Aufgaben erfunden. Eine passt nicht.

A Lena ist 8 Jahre alt. Ihr Vater ist viermal so alt.

4 · 8 = ▮

B Opa backt zum Geburtstag vier Kuchen. Aus jedem Kuchen schneidet er acht Stücke.

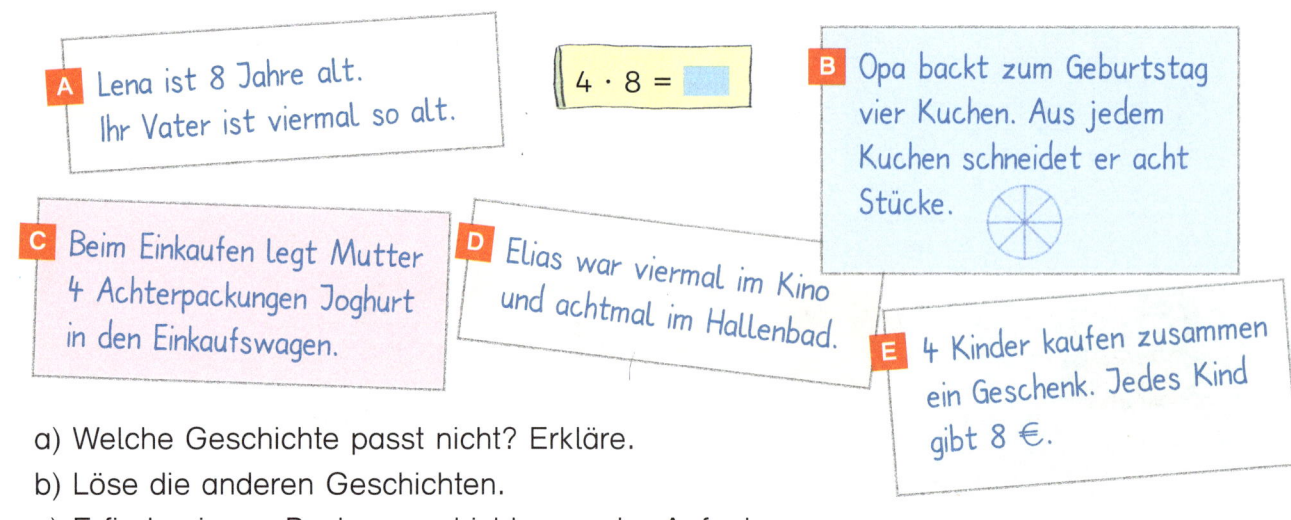

C Beim Einkaufen legt Mutter 4 Achterpackungen Joghurt in den Einkaufswagen.

D Elias war viermal im Kino und achtmal im Hallenbad.

E 4 Kinder kaufen zusammen ein Geschenk. Jedes Kind gibt 8 €.

a) Welche Geschichte passt nicht? Erkläre.
b) Löse die anderen Geschichten.
c) Erfinde eigene Rechengeschichten zu der Aufgabe.

3 Welche Rechenart passt? Löse die Aufgaben.

a)
> Anna hatte 32 Murmeln.
> Beim Murmelspiel verliert
> sie 19 Murmeln.

b)
> Amelie ist 9 Jahre alt.
> Ihre Mutter ist 27 Jahre
> älter.

c)
> Simon kauft drei
> Fünferpackungen Hefte.

d)
> Vater kauft Karten für das
> Puppentheater. Er kauft
> vier Karten. Jede kostet 10 €.

e)
> Julia verteilt 24 Spiel-
> karten an drei Kinder.

4 Wähle eine Rechenart. Erfinde dazu weitere Rechengeschichten.

5 a) Welche Rechengeschichten kannst du nicht lösen? Begründet und erklärt?

Rechen-konferenz

A
> Ein Haus hat vier Stockwerke.
> In jedem Stock sind gleich
> viele Fenster. Wie viele Fenster
> hat das Haus?

B
> Emma kauft einen Sturzhelm
> für 29 € und einen Rückstrahler
> zu 5 €. Wie viel muss sie
> bezahlen?

C
> Max hat zwölf Murmeln mehr
> als Laura. Laura hat 20 Murmeln.
> Wie viele hat Max?

D
> Felix hat vier Kaninchen
> und zwei Meerschweinchen.
> Wie alt ist Felix?

b) Schreibe die nicht lösbaren Aufgaben so, dass du sie lösen kannst.

6
> Franzi hat 35 €. Sie kauft ein PC-Spiel
> zu 12 € und drei Rätselhefte zu je 2 €.
> Wie viel Geld hat sie noch?

Jonas löst die Aufgabe schrittweise:

1 Rätselheft	2 €	
3 Rätselhefte	3 · 2 €	= 6 €
PC-Spiel und Rätsel-Hefte:		
12 € + 6 €	= 18 €	
übriges Geld:		
35 € – 18 €	= 17 €	
Franziska hat noch 17 €.		

a) Schreibe deinen Lösungsweg auf.

b) Rechne auch diese Aufgaben schrittweise.

A
> Theresa hat rote, gelbe und
> blaue Murmeln. Von jeder
> Farbe hat sie neun Stück.
> Beim Spiel gewinnt sie
> 14 Murmeln dazu. Wie viele
> Murmeln hat sie jetzt?

B
> Oma gibt Noah und seinen zwei
> Brüdern 24 €. Sie verteilen
> das Geld gerecht. Noah hat
> schon 12 € gespart.
> Wie viel Geld hat er dann?

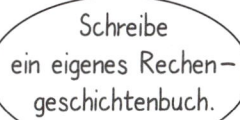
Schreibe
ein eigenes Rechen-
geschichtenbuch.

Bei Rechen-
geschichten...

1 Trage passende Rechenzeichen ein.

a)

$$5 \bigcirc 5 \bigcirc 5 = 20$$

Nick **probiert** und **radiert**:

b) $5 \bigcirc 5 \bigcirc 5 = 30$
c) $5 \bigcirc 5 \bigcirc 5 = 5$
d) $5 \bigcirc 5 \bigcirc 5 = 6$
e) $20 \bigcirc 4 \bigcirc 3 = 19$
f) $20 \bigcirc 4 \bigcirc 3 = 8$

a) $5 ⊕ 5 ⊕ 5 = 20$ — 15 ist zu wenig.

a) $5 ⊙ 5 ⊕ 5 = 20$ — 30 ist zu viel.

a) $5 ⊙ 5 ⊖ 5 = 20$ — 20! Jetzt stimmt es.

g) $20 \bigcirc 4 \bigcirc 3 = 15$ h) $20 \bigcirc 4 \bigcirc 3 = 21$

2 a) Mia ist 10 Jahre jünger als ihre Schwester Lisa. Zusammen sind sie 26 Jahre alt.
Wie alt ist Mia, wie alt ist Lisa?

Nick **probiert,** bis es passt:

Ich weiß: Mia ist 10 Jahre jünger.

Mia	Lisa	Unterschied	zusammen
5	15	10	20
6	16	10	22
7	17	10	24
8	18	10	26

Emma:

Ich weiß: zusammen sind sie 26 Jahre alt.

Mia	Lisa	Unterschied	zusammen
13	13	0	26
14	12	2	26
15	11	4	26
16	10	6	

Findest du einen anderen Weg?

Mia ist ___ Jahre alt, Lisa ist ___ Jahre alt.

b) Max und Luka sind zusammen 18 Jahre alt.
Max ist 6 Jahre älter als Luka.
Wie alt ist Max, wie alt ist Luka?

c) Mama und Papa sind zusammen 90 Jahre alt.
Mama ist 4 Jahre älter als Papa.

3 a) Finn sieht in einem Gehege Esel und Strauße.
Er zählt zusammen 12 Beine.
Wie viele Esel könnten es sein?
Wie viele Strauße könnten es sein?

b) Am Teich sitzen Enten und Schildkröten.
Samira sieht 20 Beine.

c) Im Terrarium entdeckt Lea Mäuse und Spinnen.
Sie zählt 24 Beine.

Nick probiert.

Esel	Strauß	zusammen
1	1	6 Beine
1	2	8 Beine
1		

W

4 a)

b)

c)

d)

2 Verschiedene Lösungsstrategien vergleichen.
3 Jeweils mehrere Lösungen. Evtl. Tabellen anlegen.

1

$$43 + 38$$

Rechen-konferenz

Ich rechne 40 + 40. Das Ergebnis ist ungefähr 80.

Ich rechne 50 + 40. Das Ergebnis muss kleiner als 90 sein.

Ich rechne 40 + 30. Das Ergebnis muss größer als 70 sein.

2 Wie groß muss das Ergebnis ungefähr sein? 30, 60 oder 90?

ungefähr 30	ungefähr 60	ungefähr 90

a) 48 + 37   a) ungefähr 9 0   b) 15 + 44   c) 64 + 28   d) 37 + 58

e) 52 + 31   b) ungefähr   f) 23 + 11   g) 41 + 17   h) 18 + 36

i) 19 + 13   j) 48 + 49   k) 22 + 11   l) 17 + 18

3

ungefähr 20	ungefähr 50	ungefähr 80

 Ungefähr?

a) 100 − 22   b) 48 − 23   c) 77 − 28   d) 72 − 48

e) 80 − 32   f) 98 − 81   g) 95 − 20   h) 94 − 17

i) 65 − 43   j) 97 − 45   k) 82 − 61   l) 96 − 48

FERMI

4 Fermi-Aufgabe

Rechen-konferenz

Wie viele Arbeitsblätter kann man nebeneinander auf alle Schülertische eures Klassenzimmers legen?

Es gibt Aufgaben mit wenigen Informationen. Die kann man nur ungefähr lösen. Meist gibt es mehrere, ganz unterschiedliche Lösungswege. Solche Aufgaben nennt man Fermi-Aufgaben.

Wie viele passen auf einen Tisch?

Müssen wir alle auslegen und zählen?

Wie viele Tische sind es in der Klasse?

So könnt ihr Fermi-Aufgaben lösen:

1. Jeder überlegt für sich mögliche Lösungswege.

2. Besprecht diese dann mit eurem Partner. Schreibt eure Lösungswege auf Plakate.

3. Erklärt, besprecht und vergleicht eure Lösungswege.

Die Fragen der Kinder helfen euch bei der Lösung.

1 Plusaufgaben

43 + 5 67 + 4
78 + 20 30 + 52
25 + 33 56 + 27

2 Minusaufgaben

37 − 3 93 − 6
75 − 40 80 − 24
67 − 33 55 − 28

3 Malaufgaben

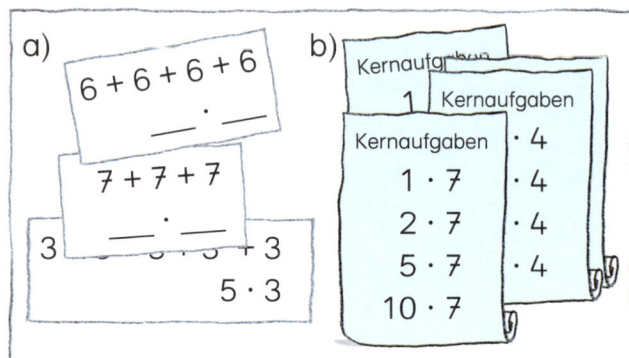

a)
6 + 6 + 6 + 6
___ · ___

7 + 7 + 7
___ · ___

3 · ___ + 3
5 · 3

b)
Kernaufgaben
1 · 7   · 4
2 · 7   · 4
5 · 7   · 4
10 · 7

4 Geteiltaufgaben

a) 12 : 3   b) 24 : 4   c) 14 : 3
   12 : 4   24 : 6   37 : 4
   12 : 6   24 : 8   15 : 4
   12 : 2   20 : 4   18 : 7
   12 : 1   20 : 5   30 : 8

5 Uhrzeiten

Wie viel Zeit ist vergangen?
a) 17:30 Uhr bis 18:00 Uhr
b) 09:15 Uhr bis 09:45 Uhr
c) 14:00 Uhr bis 14:15 Uhr
d) 08:30 Uhr bis 08:45 Uhr

6 Längen

Wie lang ist jede Linie?

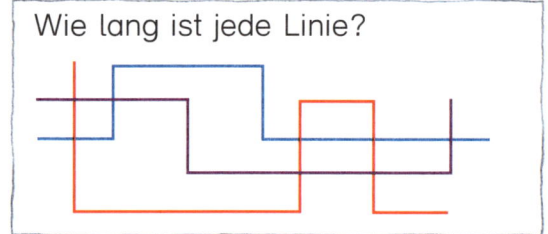

7 Geld

Reicht das Geld?

35 €

8 Rechengeschichten

In die zweiten Klassen der GS
Schwürbitz gehen insgesamt
84 Kinder. Zur Klasse 2a gehören
26 Kinder. In den Klassen 2b und
2c sind gleich viele Kinder.

9 Körperformen

Körperformen	
Würfel	Steckwürfel,
Quader	
Kugel	

Ich bin
am Ziel!

Das Hunderterfeld

Die Einmaleinstabelle

·	1	2	3	4	5	6	7	8	9	10
1	1	2	3	4	5	6	7	8	9	10
2	2	4	6	8	10	12	14	16	18	20
3	3	6	9	12	15	18	21	24	27	30
4	4	8	12	16	20	24	28	32	36	40
5	5	10	15	20	25	30	35	40	45	50
6	6	12	18	24	30	36	42	48	54	60
7	7	14	21	28	35	42	49	56	63	70
8	8	16	24	32	40	48	56	64	72	80
9	9	18	27	36	45	54	63	72	81	90
10	10	20	30	40	50	60	70	80	90	100

Das Hunderterfeld

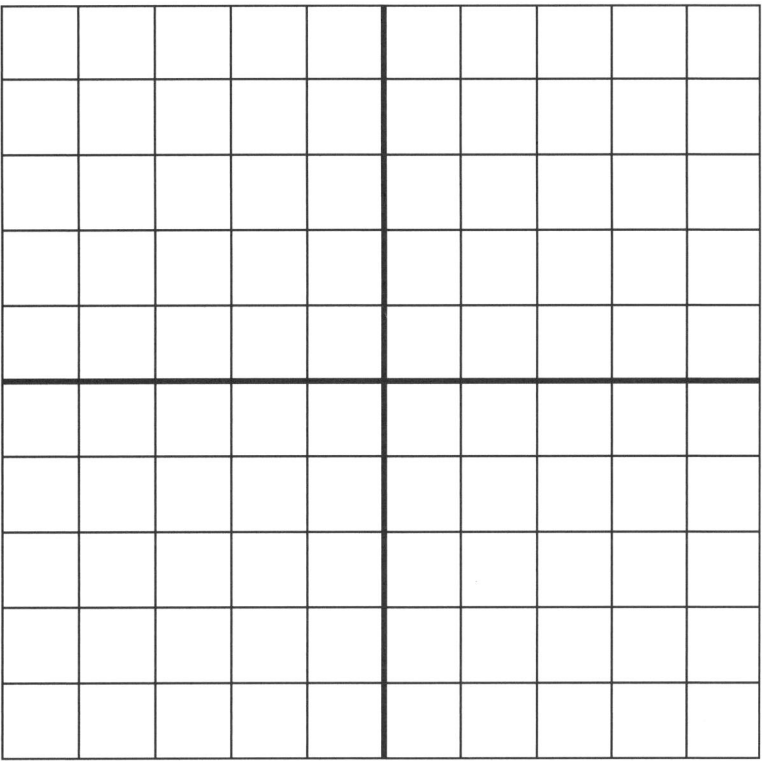

Die Hundertertafel

1	2	3	4	5	6	7	8	9	10
11	12	13	14	15	16	17	18	19	20
21	22	23	24	25	26	27	28	29	30
31	32	33	34	35	36	37	38	39	40
41	42	43	44	45	46	47	48	49	50
51	52	53	54	55	56	57	58	59	60
61	62	63	64	65	66	67	68	69	70
71	72	73	74	75	76	77	78	79	80
81	82	83	84	85	86	87	88	89	90
91	92	93	94	95	96	97	98	99	100

Die Hundertertafel

1	2	3	4	5	6	7	8	9	10
11	12	13	14	15	16	17	18	19	20
21	22	23	24	25	26	27	28	29	30
31	32	33	34	35	36	37	38	39	40
41	42	43	44	45	46	47	48	49	50
51	52	53	54	55	56	57	58	59	60
61	62	63	64	65	66	67	68	69	70
71	72	73	74	75	76	77	78	79	80
81	82	83	84	85	86	87	88	89	90
91	92	93	94	95	96	97	98	99	100

Der Zahlenstrahl

0   10   20   30   40   50